学会复利成长 实现财务自由

Grow with Compound Interest Achieve Financial Freedom

黄悦函◎著

中国经济出版社
CHINA ECONOMIC PUBLISHING HOUSE
北 京

中关村高楼林立，灯火通明，望着远处那些看起来很温暖的房子，当时我就想，什么时候才能拥有自己的一盏灯，有一个属于自己的家。海淀区的房租是出了名的高，当时我每月工资的一大半会用来付房租，剩余的部分即使省吃俭用也才刚刚够生活开销。我租了一套低层的公寓，因为前后都有高楼遮挡，所以采光不足，整个冬天，我的鼻炎都很严重，呼吸困难，还伴随着咳嗽。记得有一次我对咳嗽药水的成分过敏，半夜突然浑身发抖甚至抽搐起来，当时害怕得直哭。

刚入职时，我担任投资集团总经理的助理，我的直属上司是北京大学毕业的高材生，也是一位资本运营的高手。他投资管理着几家上市公司、基金公司、保险公司，北京城西很多知名楼盘也是他运作开发的。公司现金流充裕，所以当时来公司求他借款周转的人很多，其中不乏现在在金融地产领域活跃的一些风云人物。

我的上司智商过人、守信、保守，可以看到很多事情的底层逻辑，至今我还很感谢他在工作中教给我看事物时独特的角度。他为人骄傲，经常大发脾气骂人；他还时常指派我做水煮鱼的“搬运工”，有时我一不留神就会被溅出来的油烫伤。对这段血泪史我有很多委屈，经常在夜深人静时暗自落泪，但只能默默忍受、不敢辞职。

所以当时我暗下决心，一定要实现财务自由，不受制于人。由于工作的原因，我有机会接触金融地产投资行业大咖，于是我默默观察他们的为人处事，分析他们成功的原因。通过仔细观察，我写了厚厚的分析笔记，并结合自己的情况加以运用。经过不断分析、实践、总结、改错和再实践，不出几年我就利用自己的积蓄作为原始资金，把握机遇并收获了财富增值，最终实现了财务自由。

我再也不用走在冷冷的街头，而是坐在温暖的车里回家；也不用住在阴冷的公寓里，而是在北京最好的地段拥有了属于自己的舒适的家。我成立了自己的投资公司，终于拥有了掌控自己人生的资本。

随着潮起潮落，我工作中接触的那些风云人物，有的人没有把握好“风向”，在潮水中隐退了；而有的人却顺应趋势，事业发展蒸蒸日上。我一直记录和分析这些案例，总结出一套实用的获取财富、掌握自己人生的理论和实践方法。我发现，复利理论的应用可以从投资理财一直延伸到工作和生活的方方面面，从而使自己人生的各个领域都获得非凡成长。

近年来，我把这套理论和方法分享给我的同事和朋友，尤其是女性朋友，在她们的成长过程中，尤其是人生面临选择或困境的时候，帮助她们解放了思想，获得了更多工作自由、财务自由和选择伴侣的自由，开启了幸福人生，成为人生赢家。她们中既有生活窘迫的博士，也有单身理财小白；既有找不到工作的毕业生，也有被男朋友分手的职场新人。最终，她们都拥有了掌控了人生的资本，收获了她们各自的精彩。每当我闭上眼睛，一个个鲜活的例子就会浮现眼前，我为她们思维的转变和通往财务自由道路上的进步而感到高兴。

现在，我把通往财务自由路上总结的经验、规律和方法分享给亲爱的你，希望你能从中找到属于自己的财务自由之路，活得更加精彩！

黄悦函

2020 年 10 月

目　录
Contents

第一章

女性更需要拥有财富，财商思维决定人生品质

做个经济独立的女人，不辜负这个时代的机遇

很久以前，相亲类节目中的不少女性表示想要嫁给富二代，不然就嫁给富一代，有房有车成了那时考量交往对象的标准，嫁入豪门做全职太太是她们的梦想。有些人认为这样的姑娘很现实，也有些人认为这些姑娘很拜金。

这几年，情况发生了变化，很多女性在工作岗位和社会上的影响力逐年提升，拥有了很强的经济能力，逐渐改变了“你负责赚钱养家，我负责貌美如花”的观念，尽显经济实力支撑的充足底气。

我们正处于一个女性觉醒、掌握财富的时代

在大多数人的传统观念中，买房结婚主要是由男方负责的，所以一直以来，市场上买房的人群以男性为主。但是近

年来，随着社会经济的不断发展，新时代女性无论是性格上还是经济上都变得越来越独立，成为房地产市场的新买家，尤其是在大城市，买房的女性数量猛增。

国内最大的房地产中介公司链家发布的《2019 年女性安居报告》中，分析了北京、深圳、上海等 12 个一、二线城市的二手房交易数据，并对近千位 18~50 岁的女性群体进行了购房方面的调研。结果显示，单身女性购房者比例正在逐年增加，2018 年达到 2012 年以来最高点 46.7%，几乎与男性占比持平，目前这个数字仍在不断增大。从城市地区来看，一线城市大龄女青年购房群体占比高于二线城市的占比；从年龄层来看，单身女性年龄越大，越有购房意识，她们中的四分之一拥有两套住房，有三成是全款购房，有三成完全靠自己的力量购房。

在中国人的观念中，房子不仅是住的地方，还是家的缩影，是在一个城市驻足生根的必需品。从某种意义上讲，中国女性的独立就是从拥有自己的房子开始的。

根据国际知名咨询公司波士顿咨询集团的报告，2010—2015 年，全球女性掌握的个人财富从 34 万亿美元上升到 51 万亿美元；到 2020 年，女性群体预计拥有的个人财富为 72 万亿美元，占全世界总个人财富的 32%。

无论是中国女性的买房，还是世界女性掌握财富的数据，都在大幅度上升。这些数字背后反映出的实则是女性群体自我意识的觉醒和影响力的提升。女性不再认为自己的天职只是洗衣、做饭、育儿，而是开始意识到自己与生俱来的力量，希望运用这股力量，创造一个属于自己的璀璨人生。

从政坛的德国总理安格拉·多罗特娅·默克尔、英国首相特雷莎·玛丽梅，到刚刚获得诺贝尔化学奖的科学家埃玛纽埃勒·沙尔庞捷和珍妮弗·安妮·道德纳，再到商界的Face Book首席运营官谢丽尔·桑德伯格、中国的格力电器董事长董明珠，不同领域的女强人们走在了世界的前列，发挥着不同凡响的影响力和不容忽视的作用。

伟大的女性朋友们，既要和男性一样，在职场上挣钱养家，维系与同事、老板、客户等各种人员的关系，也要在下班后做家务，安排家里的各项开支、活动和行程，还要生儿育女、担负起教育孩子的职责。自强、独立、勤奋、善良的女性，值得拥有社会更多的尊重和掌声。

女性的觉醒和崛起顺应了历史的大趋势

随着社会科技水平的提高、人工智能的发展，男性擅长的理性分析和逻辑推理能力的优势逐渐减弱。尤其在人工智能的时代，司机、律师、程序员、金融交易员等以男性为主的技能型职业都存在被人工智能（Artificial Intelligence，AI）取代的风险。未来社会可能更需要符合高感性和高体会工作的能力。与机器不同，这种感性的创新会更有温度并富有灵性。与男性相比，女性的直觉性思维更发达，往往不只是靠逻辑推理，而是靠直觉做出判断并得出结论。

女性具有同理心和人文关怀，能观察出内涵，并拥有为事物赋予意义的能力。未来的社会更容易被具有这些特质的女性影响，如艺术家、发明家、设计师、小说家、护理员、情感咨询师等。所以，女性将会获得更大的社会回报。

我们正从一个讲求逻辑与计算机效能的信息时代，转化为一个重视创新、同理心与整合力的感性时代！这恰恰是人类更高阶文明的特征！

把握趋势、掌握财富，拥有掌控自己人生的资本

女性的觉醒和崛起成为一种趋势，女性在各个领域的影响力有了极大提升。如果说坚毅和理性是男性的特质，那么感性和细腻便是女性的特质。优秀的女性们能巧妙地把男性优点和女性优点结合起来，做更好的自己，过更精彩的生活。

我们应该了解趋势，好好把握时代带给我们的机会。在本章中我将通过几个生活中真实的小故事来解读我的女性朋友的成功和失败经历，分析导致这些结果的思维模式，进而说明女性掌握财富的重要性。在本章最后，我将带您清除头脑的设限：停止自我牺牲，停止失去自我，停止在错误道路上的无效勤奋；**帮助您全面升级财商成长思维，更好地抓住这个时代带给我们的机会**。

这是一个女性觉醒和崛起的时代，我们一定要有信心，向着未来、向着梦想，撸起袖子加油干！

跳出“我养你”的误区，自己拥有财富更有安全感

2019 年，不少人追过热播电视剧《第二次也很美》。

安安一毕业就嫁给了高富帅男神俞非凡。在他们的婚后生活里，做家务、照顾孩子都由保姆一手操持，安安便处于放飞自我的状态：打游戏、吃零食、看电视剧。一天，俞非凡回家看到满屋子的垃圾食品、正在打游戏的安安和已经在沙发上熟睡的孩子，怒火中烧。他们之间的共同语言越来越少。最后，俞非凡决定和安安离婚。他说：“我知道，她把我当成全世界，但现在我不想做她的全世界了，太累了！”

安安在还没有搞明白状况时就被扫地出门了，还被剥夺了孩子的抚养权。突如其来的变故让安安彻底清醒了，她决定凭自己的能力养活孩子。然而，夺回孩子抚养权必须有一份稳定的工作。安安毕业后一直没有工作、没有工作经验，又脱离社会，所以只能从服务员做起。

后来，安安在闺蜜的鼓励下重新拿起画笔，开始了自己的漫画事业，获得网络评比的一等奖后，很快成为优秀的漫画家，最终获得了孩子的抚养权，也收获了自己的第二次爱情。

这部电视剧引起了很多全职妈妈对人生的反思。同样，

电视剧《我的前半生》中的罗子君，就是因为陈俊生的一句“我养你”而放弃了外企的高薪工作，回家做起了全职太太。离婚后一切归零，在朋友的帮助下带着儿子开始自食其力的新生活。

安安和罗子君都是很优秀的女性，分别在丈夫奋斗的初期给予了他们温暖的家庭，为他们生儿育女，但是却因为原地踏步、与世隔绝而被抛弃。

所以，当女性因为男性的一句“我养你”便放弃自己的事业和才华、自己的兴趣，回归家庭做起了全职妈妈、家庭主妇时，依然要避免与男性成为依附关系，而应拥有独立的财富并使其增值。

女性，一定要经济独立

以上例子警示着我们：女性在结婚后一定不能与社会脱轨，要人格独立、思想独立、经济独立。经济不独立就会失去在家庭中的话语权。

一个女人经济独立、生活努力的样子很美：

- 经济独立可以让人增强自信心；
- 经济独立可以让人活得更有尊严；
- 经济独立可以让人生有更强的掌控感；
- 经济独立可以让人过上更有品质的生活；
- 经济独立可以稳固自己在家庭中的地位与话语权。

女性，应获得社会和家庭的认可

很多女性在结婚前受过高等教育，从事专业全职工作，注重生活品质，有能力靠自己赢得财富。因此，与其把时间和精力花在关注老公的朋友圈、通讯录上，疑神疑鬼，不如把时间和精力用在自己专注的事情上，以获得成功和社会的认可，职场更能给你的付出和贡献进行公允定价。

即使退出职场，也绝对不能脱离活跃的社会网络，不能降低社会连接度。如果选择做全职主妇，事先要想好自己的存在感从哪里来，如参加社团、公益组织等都是不错的选择。

有人会说，如果我上班，怎么还能有时间照顾我的孩子？其实，职场上的母亲比比皆是，她们更会平衡工作和家庭的关系，很多人还在工作岗位上做出了比男性更大的贡献。同时，孩子的人生中非常需要一个独立、坚强、乐观的母亲作为女性榜样。希望每位母亲都能成为很有力量的榜样，作为他们人生道路中的指引。

关注和提升自己的女性，
人生都开了挂

很多人喜欢在“双 11”购物节买很多东西，在 2019 年

天猫“双 11”当天，淘宝直播带来的成交额接近 200 亿元，超过 10 个直播间引导成交过亿元。其中，家装和消费电子行业直播引导成交额同比增长均超过 400%。超过 50% 的商家通过直播获得了新增长。

小娅就是一位“90 后”美妆主播，她从 2016 年开始做美妆电商直播，在短短的三年里就积累了 20 万粉丝。小娅不会为了卖产品而推销，而是更多地给手机对面的观众展示产品的特性和功能，非常受粉丝欢迎，往往一场直播下来可以带货几千件，她的年收入更是超过百万元。

小娅的成功让同龄人非常羡慕。可是在五年前，她的生活完全不是这样，没人会相信那时她是一个为了男朋友欠债又被分手的白领。

五年前，小娅在一家电商运营公司做化妆品代运营工作，她的男朋友是她的大学同学，毕业后工作几年就去美国读研究生了，他们保持着异地恋。男朋友的老家在东北的一个偏远农村，无法支付美国昂贵的学费和生活费。为了让男朋友安心读书，小娅瞒着父母找亲友借了 10 万元给男朋友付学费，男朋友非常感动，说以后他一定会对小娅好，在美国找到工作后一定把她接到美国好好生活。

为了多赚一些钱还债，小娅又在工作之外开了一家淘宝美妆店，自己进货运营。由于熟悉电商行业，小店生意还挺不错。她拼命工作，虽然很辛苦，但想到男朋友承诺给她的未来，她就感觉很值得。直到有一天，男朋友告诉小娅，他有了新女朋友……

小娅当时整个人都愣住了，她强忍眼泪，说了句：“祝福你们！”就把手机关机了。一周后，小娅终于想通了，她擦干眼泪对自己说：“这不是我的错，这样的男人配不上我。”她到公司辞了职，决定化痛苦为动力，专心经营自己的淘宝店。

小娅联系厂家进货、上新、做活动，每天忙得不亦乐乎。由于经营有方，小店的粉丝数量增长很快，销售额也逐渐增加。她用了一年时间就还清了10万元的债务。2016年，电商直播崛起，小娅敏锐地抓住了这个机会。她开始为粉丝做直播，有时候为了让消费者获得更直观的感受，她每天在自己脸上试几十种化妆品，就是用这种方式和消费者建立强关系，从而获取了更多流量。起初一场直播能带货十几件，到后来竟然能销售上千件，小娅成了不折不扣的带货大网红。

很多厂商找上门来让小娅销售自己的产品，小娅也有了自己的新男朋友——上海一家大型化妆品公司的负责人，真正的高富帅，男朋友人品非常不错，目前他们正在准备婚礼。而之前那位男朋友看到小娅现在这么火，不停地给她的朋友圈点赞，经常在微信上给小娅留言，表示愿意复合，还想回国和小娅一起创业。可惜小娅直播一场接一场，实在是没时间搭理他。

小娅之前为我的公司做过电商运营策划，所以我是看着她怎样从一个被分手的可怜小白领在短短五年时间内逆袭成长为一个年收入百万元的网红直播大咖的。她的经历非常值得女孩子们借鉴。

悦函点睛

▶ 及时调整思想，停止为他人牺牲自我，幸福要靠自己创造。小娅一开始把决定自己未来幸福的权利交给了别人，这是对自己力量的否定；她后来认识到自己的命运要靠自己把握，自己才是生活的主角；转变思维后，人生也得到了积极的转变。

▶ 果断判明趋势，抓住电商直播的风口，乘风飞扬。小娅因为一直对电商行业很熟悉，才在电商直播刚刚兴起时果断抓住机会，站在了风口上。

▶ 几年来，坚持在电商行业里复利累积。小娅的粉丝越来越多，“雪球”越滚越大，她也借此找到了自己人生的另一半。

你的勤奋已经够了，欠缺的是财商思维

王博士是我在美国洛杉矶考察一个教育项目时认识的。她是一位温文尔雅的知识女性，在南京大学攻读的学士学

位，后到美国读书、定居。我们是校友，她也在北京居住过几年，有这么多相同点，她就和我聊了聊她的故事。

王博士 1973 年生人，1995 年大学毕业后进入一家位于北京的知名美国企业。20 世纪 90 年代，外企的工资非常高，远远超过同龄人，办公环境好，工作也相对轻松。所以王博士于工作十年后的 2005 年，轻松地在北京付全款买了一套 300 平方米的房子。2008 年，她以 600 万元的价格卖掉房子后移民美国。由于买房子获得了近三倍的收益，王博士觉得像中了彩票一样，异常兴奋。

王博士带着这笔钱来到美国后，在加利福尼亚大学洛杉矶分校获得了博士学位，留校工作几年后自己创办了语言学校，为刚到美国的中国学生提供语言培训服务。王博士在美国加利福尼亚州开办语言学校的初衷是为很多像她一样要到美国的人提供英语学习培训。没想到 2015 年以来随着移动互联网的发展，外教在线教授英语的模式逐渐兴起，大家足不出户就可以在线上学习到纯正的英语，而且价格低廉，线下培训机构受到了冲击。王博士的语言学校面临着高昂的房租成本和运营成本的压力。她每天勤奋工作，辛苦加班，但是越努力推进，损失越大。所以，她正在寻求国内的投资，帮她摆脱困境。

而在这期间，房地产行业持续增长，王博士售出的房子又增值了 5 倍，比 10 年前增值了 2400 万元。我开玩笑地跟她说："如果你不卖房，现在早就财务自由了，哪里还用在国内找投资啊。"王博士只是苦笑："别看我学历高，财商却不高，如果再让我做一次选择，我一定选择留在中国。"

在20世纪八九十年代，美国在经济、科技、教育等方面确实领先于中国，人均收入也远远超过中国。当时有很多人想到美国去寻找致富的方法，但是他们没有意识到，趋势是在变化的。随着改革开放的不断深化，中国经济高速发展，发生了翻天覆地的变化，在很多领域出现了获得财富的机遇。中国有一部分人抓住了机遇，在短时间内获得了大量的财富，这些机会在发展平稳甚至或将出现经济下行的美国是很难出现的。现在，不少早先去美国的那些朋友们羡慕国内朋友获得的机遇，羡慕国内的生活，觉得中国的机会更多。

王博士不知道，中国经济过去20年高速发展，房地产行业与宏观经济关系密切，为我国城市化建设和满足人民居住需求做出了巨大贡献，房地产行业涉及的产业链长，对GDP（Gross Domestic Product，国内生产总值）的拉动效果明显，成长为国民经济支柱产业之一。**王博士那几年的财富增值是因为她在中国的一线城市购买了房产，顺应了当时中国经济高速发展的大趋势，在房地产的风口上进行了复利积累，从而实现了财富的增值。然而，她却对此并没有充分的认知。**

悦函点睛

▶ 王博士虽然学历很高，但是并没有正确的财商思维。她没有看到中国正在日益强大的客观趋势，对于获得财富的原因没有进行深层次的思考，所以在之后的十几年里，错失了和中国经济共同发展的良机。她在 2008 年中国经济增速放缓的时候抱着“去美国淘金”的想法将房产出售，从而在高速飞奔的房地产行业发展列车上下车，中断了复利积累，错过了下一个十年，错失了 2400 万元。而她在美国起早贪黑，辛苦开办语言学校，却因为受到线上课程的冲击而生意惨淡，终日亏损。

▶ 王博士的经历让人唏嘘，也值得我们深入思考，如果她早点懂得财富增值的底层逻辑，一定不会做出这样的选择。

提升财商思维，
掌握获得财富的底层逻辑

在本章中，我们讲了几个生活中女性的事例，了解到做一个经济独立的女人有多重要。但是，我们怎样才能把握财富呢？那就必须要提高自己的**财商**。

财商是指一个人认识金钱和驾驭金钱的能力，也是一个人在财务方面的智力，即理财的智慧。财商包括两个方面的能力：一是创造财富及认识财富倍增规律的能力（即价值观）；二是驾驭财富及应用财富的能力。

以王博士为例，她到美国开办语言学校，错过了中国房地产行业高速发展的十年，也为此损失了 2400 万元的收益，这就是她没有正确的财商思维所导致的。那么，到底什么才是正确的财商思维呢?

王博士在国内的时候工作安逸，也不辛苦，在她购买并享受住房的过程中轻松收获了可观的收益。她去美国后开始努力勤奋地开办语言学校、举办夏令营，反而让她损失了财富。这看起来似乎不符合常理。为何什么都不做，财富反而能增值，而越努力，财富却失去得越快?财富到底是靠什么增值的呢?财富增值的底层逻辑究竟是什么呢?

底层逻辑是我们思考问题时最先确立的那个核心，也就是每件事或者每个问题最原始的出发点。**财富增值的底层逻辑——把握大趋势，在正确的道路上，坚定不移地进行复利积累。**

这里所说的趋势，包括把握经济周期和行业发展的趋势。例如，近年来互联网的发展就是一个趋势，小娅就是在**电商行业和直播兴起的趋势中**获得了事业的成功。她提前五年进入电商行业做运营，积累了行业的经验，所以在电商直播崛起时很敏锐地抓住了这个机会。她开始为粉丝做直播时，抓住了消费者的心理，为消费者试用化妆品，就是用这种方式和消费者建立强关系，获取了更多流量。在电商行业五年的复利积累，让小娅获得了成功。

近十多年里，房地产行业的发展也是一个趋势。王博士

2005—2008 年的财富增值是因为她在中国的一线城市购买了房产，顺应了中国经济高速发展的大趋势，**在房地产行业向上发展的趋势中进行了复利积累**，从而实现了财富的增值。然而，她却对此并没有充分的认知。

人与人之间的财富差距，往往不完全在于是否勤奋和努力，而是一个人的**财富增值底层逻辑**。王博士坚持自己头脑中存在的局限性的片面思维，认为在美国才可以“淘金”，忽略了中国经济高速发展的事实，她选择的方向就有可能不正确。在错误的方向上，做多错多。

在整个财富思维架构当中，我们最先找到的那个核心就是财富增值的底层逻辑，从这个核心开始思考，路径导向才是正确的。王博士一直没有找到她的财富增长和损失的根本原因，房子增值了，她归功于幸运；财富损失了，她也懵懵懂懂不知所以然。如果早点提高财商，懂得财富增值的底层逻辑，她一定不会做出这样的选择。

本章要点复盘

▶ 女性掌握财富的数据在大幅度上升着。女性群体自我觉醒是全球的一个趋势，无论是在政治、商业领域，还是在学术领域，女性的话语权都有了极大提升，影响力越来越大。

▶ 随着社会科技水平的提高、人工智能的发展，男性擅长的理性分析和逻辑推理能力的优势逐渐减弱。未来社会可能更需要符合高感性和高体会工作的能力。与男性相比，女性有着更多的同理心、人文关怀，直觉性思维更发达。女性完全可以在工作中发挥和男性一样的作用，甚至在某些领域比男性做得更好。这是时代给女性的机遇，应该好好把握。

▶ 女性需要经济独立，以及家庭和社会的认可，应跳出“我养你”的误区，才能把控自己的人生，让自己的生活更精彩。

▶ 要想获得更多财富，就要提升财商思维，掌握获得财富的底层逻辑——把握大趋势，在正确的道路上，坚定不移地进行复利积累。

第二章

趋势和风口是成功的必要条件

趋势和风口造就了世界首富

我经常会给身边的朋友讲一个坐电梯的小故事：在一座摩天大楼顶层有一个宝藏，有一部电梯通到大楼顶层，A、B、C 三个人坐电梯到达顶层后获得了宝藏。大家很羡慕，问他们是怎么得到宝藏的？

A 说，我是靠吃“苦”获得的，我一路上都在喝黑咖啡；B 说，我是靠勤奋获得的，在电梯里我一直不停地跑步；C 想了想，摊开双手说，我什么都没做啊。

实际上，这三个人获得宝藏是因为他们找到并且坐上了电梯。获得宝藏与 A 的喝咖啡吃“苦”和 B 在电梯里勤奋跑步都没有关系，C 也并不是什么都没做，他们三个都成功找到并坐上了电梯，这才是获得宝藏的关键。**这个电梯就是我们本章要讲的趋势和风口。**

世界上有很多类人：有的人根本无心找宝藏，有的人没有找到电梯，还有的人看到电梯却爬楼梯。仔细想想，您属于哪类人？

很多人被一个问题困扰：每天起早贪黑、忙忙碌碌，付出的比别人多，为什么并没有收获财富；而有的人看上去不如别人勤奋辛苦，也不一定比别人学历高，却轻松实现了财务自由？这些人往往是因为财商高，所以坐上了电梯，**把握了时代和经济的大趋势。**

我们上一章中提到的小娅就是在电商行业和直播兴起的趋势中获得了事业的成功。王博士的财富增值也是因为她在中国的一线城市购买了房产，顺应了中国房地产高速发展的大趋势，虽然她却对此并没有充分的认知。

不少成功人士的人生中最重要的财富大增长，得益于抓住了天时和历史给予他的机会，成功搭上了时运的顺风车，也就是符合趋势，恰好站在了风口上。

我们来看看，什么是 **趋势** ，什么是风口。

趋势是指事物发展的动向，也是事物自身发展运行的一种自然规律。

我们的行为只有符合趋势，才能获得自己预期的结果。

趋势投资指投资人把握大趋势，根据投资标的的上涨或下跌周期来进行投资的一种方式。

什么是符合趋势的投资呢？例如，我们在牛市初期股票价格很低的时候买入并持有股票，在牛市即将结束、股票价格已经涨得很高时卖出股票，会获得丰厚的收益，这就叫符合趋势的投资。

不符合趋势的投资就是相反的操作，在股票被市场热捧、价格很高的时候追高买入，套在了顶部，之后股价一路下跌，却不做止损。等到股价跌了一大半、价格已经低于股票价值了，这时候却又忍不住“割肉”了。而在“割肉”以后，股票价格又逐步回升，这就是背离趋势的投资。

风口

知名IT（Internet Technology，互联网技术）企业小米的创始人雷军说：“在风口上，猪都能飞起来。”这句话是指，能否创业成功在很大程度上取决于你是否找到了风口、顺应了趋势。

风口

我们可以将风口理解为顺应社会发展的趋势、得到政策支持，因而高速发展且拥有巨大的盈利潜力的产业或领域。

例如，2015年以来，网络直播集中爆发，成为互联网的又一个风口，创业公司纷纷追赶风口，资本热钱疯狂流入。移动互联网技术的发展促进了直播的发展，一些年轻的主播利用智能手机展示着自己日常生活的方方面面，如唱歌、化妆、户外运动、野外生存等。主播会收到粉丝打赏的虚拟礼物，如飞机、火箭、兰博基尼汽车等，这些虚拟礼物可以按照一定的价格比例兑换成现金。直播为人们提供了一个最直观的展示个性的平台，在自媒体时代，每个人都可以通过直播展示自己，直播平台的用户不断增长。目前，这个市场还有上升空间，各大电商平台也都推出带货直播，很多主播迅速吸引粉丝，获得了成功，就像我们之前说过的美妆主播小娅。

我们再来看看世界排名靠前的富豪们是怎样借助风口实现人生飞跃的。在2020年更新的“福布斯富豪榜”中，排名榜首的是亚马逊公司的创始人杰夫·贝佐斯（Jeff Bezos），56岁，资产为1460亿美元；位居第二的是微软的创始人比尔·盖茨（Bill Gates），64岁，资产为1072亿美元；第四名是马克·艾略特·扎克伯格，36岁，资产为855亿美元；第五名是伯克希尔·哈撒韦公司的创始人沃伦·巴菲特（Warren Buffett），89岁，资产为711亿美元。

杰夫·贝佐斯的亚马逊公司目前已成为全球商品品种最多的网上零售商和全球最大的互联网公司之一，亚马逊和其他销售商为客户提供数百万种产品。沃伦·巴菲特创建的伯克希尔·哈撒韦公司则是一家具有广泛影响的投资控股公司，在全世界同类公司中，其股东净资产总值名列第一；该公司是拥有股票、债券、现金和白银的保险王国，同时它还拥有许多实业公司。世界首富杰夫·贝佐斯要比沃伦·巴菲特年轻34岁，亚马逊公司要比伯克希尔·哈撒韦公司“年轻”39岁。

1995年，杰夫·贝佐斯创立亚马逊公司时的启动资金只有30万美元。而1993年，沃伦·巴菲特以83亿美元的个人资产总值首次获得了“世界首富”的称号。

互联网行业在近年来一直是一个大风口，亚马逊公司从只有30万美元创业基金在20年里发展到市值超过万亿美元，它的年增长率是随着互联网的发展呈几何式倍数增长、爆发性上升的，而沃伦·巴菲特的伯克希尔·哈撒韦公司连续52年的年均复合增长率为19.1%。这也是白手起家的杰夫·贝佐斯可以在短短的25年里超越老牌首富沃伦·巴菲特的原因。同样，2020年在“福布斯富豪榜”排在第四名的马克·艾略特·扎克伯格也是抓住互联网的风口，打造社交平台脸书（Facebook）而获取成功的。

风口让平凡女子在30岁实现财务自由

前文我们讲的趋势和风口造就了世界首富。有人会说，这些都是传奇人物，登上"福布斯富豪榜"都是几十亿分之一的概率，更何况是首富。而自己是出身和条件都很一般的普通人，和他们完全比不了。

但是，在现实生活中，如果在财富的风口上把握机会，普通人也有机会轻松实现财务自由。从以下2001—2020年的财富风口中，我们来看看哪些机会带给人实现财务自由的可能。

2001 年，美国互联网泡沫破灭，抄底美国股票，在中国一线城市买房；

2002 年，煤炭黄金十年开始投资煤炭行业，在中国一线城市买房；

2003 年，电商创业，在中国一线城市买房；

2004 年，投资腾讯公司股票并一直持有，在中国一线城市买房；

2005 年，投资 A 股，在中国一线城市买房；

2006 年，投资 A 股，在中国一线城市买房；

2007 年，互联网全球化，加盟民营高科技企业，在中国一线城市买房；

2008 年，全球金融危机，抄底房地产市场；

2009 年，在美股十年牛市开始时投资美股，在中国一线城市买房；

2010 年，中国互联网的风口元年，加盟互联网公司（小米、美团、微信、爱奇艺等），在中国一线城市买房；

2011 年，加盟中国互联网高科技公司，在中国一线城市买房；

2012 年，新兴媒体崛起（今日头条、快手等），加盟新媒体公司，在中国一线城市买房；

2013 年，投资创业板，微信公众号创业，在中国一线城市买房；

2014 年，投资 A 股，在中国一线城市买房；

2015 年上半年，投资 A 股市场，中国一线城市买房；

2016 年，直播、短视频创业；

2017 年，知识付费创业；

2018 年，没有风口，收缩投资，增加现金；

2019 年，带货直播，下半年开始投资创业板；

2020 年，投资 A 股市场。

以上这么多机会，已经实现财务自由的幸运者可以对号入座，看看你是因为赶上了哪个风口才如此幸运。我们可以看到，有些人是因为加入了高速发展的互联网公司，获得了公司的股权，从而获取了财富；也有些人是因为进行了电商、直播、短视频和知识付费行业的创业而站在了风口上；还有一些人是因为在适当的时间投资了房地产和股市而实现了财务自由。我个人就是因为很早就关注并投资了 A 股市场，后来又把股市的丰厚收益拿出来投资房地产市场，从而实现了财务自由。

目前还没有获得财务自由的人，可以想想是不是你周围有些人也是通过这些机会获得了财务自由。有的年轻人经常抱怨自己没有有钱的父母、不是富二代，所以输在了起跑线上；有的则归因于自己的父母对自己不好，不快乐的童年导致了成年后的失败。总之，他们忽略了后天的努力，把自己的不成功归咎于原生家庭。实际上，很多获得财务自由的人出身也很普通，原生家庭条件甚至还不如自己，他们只是因为抓住了时代的机遇而成功，张英就是其中的一个。

我之前的公司在北京市海淀区，这里聚集着百度、新浪、搜狐等高科技互联网公司，经朋友介绍我认识了一位互联网公司的女高管张英。张英很热情，也很能干，年纪不大却已经是互联网公司的元老了，并持有公司的股份，她也因公司上市实现了财务自由，她非常热爱自己的工作。我们的公司离得很近，家也离得很近，就约定环保出行，两人轮流开车搭对方上班。每天路上都有 40 分钟的时间，时间一长我们也熟悉了，张英主动跟我讲起了她的故事。

张英是个“85 后”，出生在山东的一个小县城。从小她的母亲就去世了，爸爸去南方打工，她是一个留守儿童，和爷爷奶奶相依为命。爸爸打工赚的钱不够支持年迈爷爷奶奶和张英的生活，张英只能靠一些社会福利机构的救助上学，儿时放学回家还要照顾爷爷奶奶。虽然她学习非常努力，但是由于精力被分散和家庭经济条件的限制，在高考时她只考入了北京的一所普通大学，学习行政管理专业。

虽然没有考入重点本科院校，但张英还是很好学，年年都拿学校的奖学金，并把奖学金都用来买书学习。张英看了很多社会学、经济学、投资学、心理学方面的书，她觉得读书提高认知一定可以改变命运，在四年大学生活里积累了很多知识。

2007 年，张英大学毕业时，很多重点院校毕业生的首选是外资企业。那时，外资企业不仅有优越的办公环境，而且薪资也非常高，尤其是外资投资银行，一些刚刚入职的分析员年薪都超过百万元。那时，年轻人都向往在外资企业工作，但一些知名外资企业只招国内顶级院校（如北京大学、清华大学）的优秀毕业生，像张英这样的普通大学毕业生不会受到他们的青睐。张英的爸爸经常劝她回县城结婚，可是张英并没有放弃。

张英当时的想法是：中国的经济发展速度很快，在不久的将来一定会赶上西方国家，所以中国的公司会有很好的发展前景。由于喜欢读一些互联网方面的书籍，她坚持认为互联网行业有很大的机会，于是张英应聘到北京的一家民营互联网公司工作。当时民营企业并不热门，而且公司刚开始只有五个人，张英就身兼行政、人事、财务数职。虽然在别人眼里，在这么小的公司里就职并不是好工作，但是她却认定了方向，一干就是好几年。后来，公司越发展越大、人越来越多，她便成为公司的元老之一，还获得了公司的员工股。

果然，后面几年里，互联网飞速发展，赶上了时代的机遇，这家互联网公司在我国香港上市，股价一路上涨，公司的持股人员中诞生了几个亿万富翁和数以百计的千万富翁，张英也在此之列。出身普通、毕业于普通院校的张英，在30岁就实现了财务自由，完胜了很多毕业于一流重点院校的人。

听了张英的故事，不禁觉得命运真是很神奇，也为她自强不息的精神所感动。张英是一个出身贫寒的留守儿童，从小母亲去世，和爷爷奶奶一起长大，她的各方面条件和大城市长大的孩子是没办法比的，然而她抓住了时代赋予的机遇。

随着中国民营互联网企业的快速发展，在这个领域诞生了大量的上市公司，上演了一个个造富神话，如新浪、京东、阿里巴巴、百度，这些企业上市后，持股员工都实现了财务自由。张英就是在这个风口上快速获得了个人发展。此外，张英的成功与她个人正确的思维方式和行动方法密不可分：

首先，张英虽然出身贫寒，但是她并没有把关注的焦点放在自己的原生家庭上，更没有借此为由怨天尤人，放弃努力。她积极读书，提升自己，在机遇到来的时候毫不犹豫地就抓住了。

其次，读书提高认知，从而学会了判断中国经济发展的趋势，判断互联网行业有大机会。十几年前，去百度、阿里巴巴、腾讯这样的公司并不是重点院校优秀毕业生的首选。马云在一次采访中说，阿里巴巴开始的时候都招不到人，大学生一听说是互联网公司都说不能去。后面的十年里，互联网飞速发展，这些进入互联网民营企业工作的人反而赶上了时代的机遇，随着行业、公司的发展，个人也发展了起来。而十几年前非常热门的外资企业发展却远不如民营企业，有的外资企业甚至衰败了。

最后，在中国民营互联网企业快速发展的风口中，坚持复利积累，直到拥有了公司的员工股，公司上市后获得了财务自由。由于张英进入公司的时间早，随着公司的发展，她不但已经升到了公司重要部门的较高职位上，还拥有了公司的股权、期权。随着互联网公司的上市，股价一路上涨，当初被大家认为“没找到好工作”的张英实现了财务自由。

悦函点睛

总结张英的故事，我们可以发现中国经济持续发展赋予了每位普通人很多机会。每个人都不要辜负时代给予我们的机遇，要积极思考，聚焦在想要的目标上，提高认知，正确判断把握时代的趋势和风口，不断积累自己的认知和工作经验，相信时代一定会给予我们丰盛的回报。

错过风口怎么办？
还有这些机会在等着你

在一次关于趋势和风口的讲课结束后，学员小赵迟迟不离场，等到大家都离场后才不好意思地问我：“黄老师，我的人生错过了一个大风口，导致现在很平庸，我该怎么办？”

小赵在大学本科时学习的是土木工程专业，同班同学在2008年毕业后都进入了和专业对口的房地产公司。毕业后的十年，房地产行业高速发展，这些同学逐渐在公司担任了管理层并且利用公司员工的买房折扣纷纷买了房子，获得了投资房产的红利，日子过得很舒服。

而小赵毕业后没有赶上房地产行业高速发展的风口，她总是觉得自己不如大学同学的运气好。每次聚会，听同学们喜笑颜开地谈论上涨的房价时，她总是不舒服，觉得自己的人生错过了这个大风口。

生活中总会有一些人，错过了房市高涨，错过了股市牛市，错失了进入高增长行业的机会。这些都很正常，因为一个人不可能遇上所有好事。

其实，我们的人生中还会遇到很多次机会，不要因为错过了一次机会就自怨自艾，情绪消极。著名经济学家任泽平曾指出，2016—2018年，中国经济呈现“L”形走势，短期有波动。2018年下半年到2019年上半年，中国经济会第二次筑底，在2019年中会出现第二次探底，我们正站在新周期的起点上，市场经济的理念已经扎根。从数据上看，2018年美国的GDP为19万亿美元左右，约占全球GDP总量的24%。中国的GDP为12万亿美元左右，约占全球GDP总量的15%。中美GDP总量占全球GDP总量的40%。排在第三位的是日本，其GDP约占全球GDP总量的5%。更重要的是，中国经济还在以每年6%以上的速度增长。尽管受新冠肺炎疫情的不利影响，但是未来 10 年，中国仍将是对全球经济贡献最大的国家，在中国将会涌现出很多机会。

我们生在中国、长于这个时代，本身就是非常幸运的人。我们要相信国运，牢牢把握新形势、新机遇，只要投资自己的人生、投资自己的资产，未来就一定会取得丰厚的回报。

近年来，为了挤出房地产的泡沫，使其发展得更加稳健，国家多次出台房地产调控政策。一方面，“房住不炒”，房地产的投资属性被削弱；另一方面，房价太高，很多人买不起。所以，我建议小赵可以从其他领域来寻找风口。

· 股市

股市是经济的晴雨表，是上市公司的直接融资平台，是老百姓的主要投资场所之一。中国是世界上重要的经济大国，体现中国经济的股市上证指数一直在 3000 点左右徘徊，这是不符合逻辑的。2019 年，我在一些线下分享中会经常强调：根据经济周期，2019 年年底至 2020 年，将会有我们整个投资生涯都不会遇到几次的那种历史性低点出现，很有可能是十年牛市的起点。我自己就在 2019 年建仓创业板股指基金，同时在微信朋友圈公布自己的操作。截止到 2020 年 8 月，已经有了翻倍的收益。

目前，中国股市正在不断发展和完善，随着注册制从创业板开始推进，业绩不好的股票将被市场淘汰。股市监管也将越来越严格，这样会吸引更多的高科技公司回归 A

股上市，中国的股市会进入长期的“慢牛”状态。

如果你不了解股市或者没有足够时间研究股票，可以选择股票基金定投的方法（后文将专门介绍），在股指上升的趋势中享受中国经济发展带来的红利。这种方法简单易行，即使是理财零基础的小白也可以操作。

· 人工智能

我们要考虑哪些高速发展的行业会给人类未来的生活带来较大的变革，产生深远的影响；哪些行业又会因为科学技术的进步和发展而逐渐被淘汰。人工智能技术当前发展得很快，对未来影响很大，这些技术支撑的产品包括机器人、无人机、无人驾驶、远程医疗等，已经扩展到很多领域。很多重复性的简单劳动将被人工智能替代。

同时，也有一些工作是人工智能在短期内难以替代的，如和很多人打交道的工作（心理咨询）、审美创造性工作（艺术创作、文艺创作）、给人提供情绪价值的工作（主播、自媒体）。这就需要我们在未来具备社交能力、协商能力、创造能力、审美能力。虽然机器人可以给人类的生活带来很多便利，但是人们还是愿意和有温度的活生生的人打交道。目前来说，机器很难与人类产生深层次的心与心交流，所以与人打交道和为人提供情绪价值的工作以后也会越来越受到重视。

· 单身经济

近年来，都市里越来越多的年轻人过着单身生活。单身人口在美国已经占总人口的45%，在日本超过30%，在韩国也接近30%。目前，中国成年单身人口也已经超过2亿，而且数字还在逐步上升中。

中国的单身族大多出生于1985—1995年，他们非常注重生活质量，一人食、一人住、一人游，单身经济也应运而生。随着单身人数的增加，单身经济有不断增长的趋势，这在很大程度上改变了传统的消费模式，为市场带来了商机。

第一，在衣食住行方面，有单人份的大米、火锅、红酒、迷你微波炉、迷你洗衣机、单身公寓。第二，单身族把宠物作为精神寄托。近年来，宠物店、兽医院等相关行业兴起。宠物店里，各种宠物及与宠物相关的口粮、玩具、美容、衣服等样样齐全。第三，单身族选择在虚拟世界里获得满足，因此游戏、动漫等二次元世界成为很多单身人士消费的聚集地。“粉丝经济”、短视频、主播直播的崛起，都离不开单身族的贡献。第四，年轻的单身族普遍面临对未来的焦虑，而这种焦虑也引爆了知识付费业务的快速崛起，大量与知识付费和继续教育有关的产业开始蓬勃发展。

以上列举的股市、人工智能、单身经济都是将来高速发展的领域，也就是我们所说的“风口”。另外，还有互联网、知识付费、互联网餐饮、共享经济、短视频、VR（Virtual Reality，虚拟现实）等机会层出不穷。我们可以结合自己的专业、喜好和实际情况选择自己的方向，抓住属于自己的机遇。

根据小赵目前的实际情况，我给她做了一个分析，小赵的工作就是简单地处理文件，机械重复并且单调，她也意识到这份工作未来有被人工智能替代的可能。她对与人打交道的工作感兴趣，所以她目前在学习心理学，并且准备考心理咨询师，她确信未来这个行业一定会有良好的机遇。

悦函点睛

在生活当中，我们要多关注、多了解经济周期的变化，以及我们现在所处的时代的发展趋势和各行业的机会，这样就可以在与我们生活息息相关的、未来有很大发展空间的行业中找到属于自己的机会。

如何把握时代和行业趋势，在风口上飞

有些年轻的女孩最想做的职业是网红，因为她们认为网红光鲜亮丽，又能赚很多钱。她们一边刷着李子柒、Papi 酱的短视频，一边又会想，光是讲些段子就能火成这样，做网

红太容易了。她们抱怨自己没有赶上这个短视频的风口，认为如果在短视频刚刚兴起的时候也来做内容，说不定会比这些人更红。

2016 年，狂热的资本追逐着直播和短视频制作，Papi 酱站在了短视频和内容创业的黄金窗口，再加上徐小平、罗振宇等投资人的操盘，Papi 酱创造了新媒体史上首条 2200 万条广告贴片的纪录，稳坐当年网红头把交椅。那时的 Papi 酱只是一个站在短视频时代风口的非专业制作者，她的视频内容大多是吐槽、扮丑、搞笑。因为短视频工具的成熟、视频制作门槛的降低，才给初期网红机会，让他们站在了风口上。短视频时代来得太快，Papi 酱在风口上红得也很迅猛。

为什么她能够站在这个风口上，而不是别人

实际上，Papi 酱并不是什么业余网红，而且是有多年工作经验的资深娱乐圈从业者。她是中央戏剧学院导演系研究生，担任过网络主持人、在一些综艺节目负责过编导工作，积累了很多传媒行业的经验。直到 2015 年，她在多个平台进行内容创业，借助了短视频的风口才被大众所熟知。

总结本章前两节中的案例可知，世界上能跟着趋势赚钱的是两类人：一类人像亚马逊创始人杰夫·贝佐斯，他为了梦想从华尔街辞职，果断投身互联网行业。他们具备敏锐的嗅觉，对市场的理解很透彻，而且执行力很强，天生爱折

腾，并且一旦开始事业就全身心投入，这类人只要看准了方向，就有机会赚取巨额财富。

另一类人没有进行过主动选择，他们中的绝大多数人跟着趋势上升而成功，随着时代浪潮而动。如 Papi 酱本身就是娱乐行业内容创造者，**她能够抓住风口的关键前提是拥有风口行业的经验与积累**，她的成功里运气大于选择。但是无论如何，她起码在自己的专业里有了很深的积累，在风口到来的时候才能把握机遇。如果她能在风中强壮自己、在风停前长出翅膀，那就可以飞向下一个风口，否则，风停了就会掉下来。

不断学习和实践，准确把握机遇。有人说，运气就是命，是无法把握的，这种说法有宿命论的倾向。国产动漫电影《哪吒》里有句经典的话："我命由我不由天"。机遇是可以把握的，而要想准确把握机遇，就要通过不断学习、实践和长期积累，构建客观和多维度的思维模式，提高对事物的认知与判断能力。把握时代和行业趋势的五个要点如下。

要点一：学习知识，提高认知，加强判断

把握时代和行业的趋势有一套方法论，需要通过数据分析、政策理解和历史研究等对行业进行专业性分析。无法判断趋势，是因为我们缺乏大局观，缺乏经济知识，缺乏行业经验，甚至缺乏常识，这些都需要我们通过多读书、多学习

知识来弥补。

以判断短视频的风口为例，我们要知道随着 4G 和 WiFi 的普及，每个人都可以随时随地参与短视频的摄制与传播。5G 的到来，会有越来越多的人选择短视频作为娱乐消遣方式。随着工作、生活节奏的加快，人们对时间较长的视频越来越缺乏耐心，而五分钟以内甚至十几秒的短视频却只需要极少的时间观看，正好符合了人们碎片化阅读的需求。

要点二：选择引领者，效法榜样

读书是提升自我的最便捷和低成本的方式，读书可以使人形成多元思维模式。然而，完成知识的积累需要大量的时间，因此我们也可以同时寻找一个自己信任的卓越人士，把他当作自己的引领者，参考他的判断和决定，甚至加盟他的事业。例如，早年加盟腾讯公司的员工正是基于对腾讯创始人的信任，所以选择和腾讯公司共同成长。随着公司上市、股价一路上涨，拥有股权的员工都乘上了互联网高速发展的风口，获得了巨额财富。

效法榜样也是很有必要的，如果我们完全靠自己的力量去摸索、尝试，不仅费时、费力，还会犯很多不必要的错误、消耗大量的资源和时间。能在短时间内学会别人多年才学成的东西，少做无用功，少走冤枉路，快速实现财务自由，是人人都渴望的。我们从小到大最主要的学习方法就是模仿。我们在人生的每个阶段，从学说话、学走路，到各种正规的学习，都离不开模仿。学习和效法卓越人士的思考和行为方式是我们实现财务自由的一条捷径。

要点三：发现变化、判断趋势，实践验证

我们要学会观察并发现生活中的变化，自己分析判断，结合书本上的数据、观点和理论判断趋势。另外，要用实践验证自己的判断，如果事实和理论冲突，就要考虑修订理论、服从事实。例如，股市投资者可以通过博客或日记来记录每天对股市长线趋势、中线趋势、短线波动的判断，对个股业绩和价格的预测，并与实际情况进行对比，看看自己的判断是否正确，找到造成偏差的原因，从而调整自己的认知和判断，使之越来越客观和精准。

要点四：坚持自我，不要盲从

趋势在一开始的时候是不易被大多数人察觉的，我们最常犯的错误之一，是过度关注其他人在做些什么。如果这样，你就很容易成为盲目的跟随者，而非潮流的领导者。毕竟能发现和把握趋势的是少数人，大家都知道的机会就不再是绝佳机会了。所以，不要被他人所影响，走出从众心理，坚持自己的判断。

要点五：一旦判定趋势，就要立即行动

看到趋势后立即行动很重要，因为只有在大多数人尚未发现而你却提前发现并提前行动的情况下，你才有可能占据先发优势。很多人其实都能看到一些趋势性机会，但是能及时行动的人并不多，甚至由于一些非理性原因，在行动时和自己的判断背道而驰的人也不在少数。我们经常听很多人说："当年我就看到了这个机会，但是由于各种原因错过了。"那么，这个机会其实和他们一点关系都没有。

悦函点睛

有执行力的人，胜算更大。即使一开始犯错也不用怕，因为趋势一旦来临就不会马上结束，会留给你一定的时间来试错。在实践中验证自己的判断，让自己的方向越来越接近目标方向，最终你就会把握风口，在风口上飞。

本章要点复盘

▶ 很多成功人士人生中最重要的财富大增长，是因为搭上了时运的顺风车，也就是符合趋势，恰好站在了风口上。我们的行为只有符合趋势，才能获得自己预期的结果。借助风口，普通人也可以实现人生飞跃。

▶ 股市、人工智能、互联网、知识付费、共享经济、短视频、虚拟现实等领域都可以产生未来的风口。我们可以结合自己的专业、喜好和实际情况选择自己的方向，抓住属于自己的机遇。

▶ 我们在生活中要多关注了解经济周期的变化，以及我们现在所处时代的发展趋势和各行业的机会，这样就可以在与我们生活息息相关的、未来有很大发展空间的行业中找到属于自己的机会。

▶ 要想把握时代趋势、抓住风口，就需要：通过多读书增加知识，提高认知，加强判断；选择引领者，效仿榜样；细心观察，发现变化，判断趋势，实践验证；坚持自我，不要盲从；一旦判定趋势，就要立即行动。

第三章

你和财务自由之间只差一个复利

世界第八大奇迹——复利

你听过荷花定律吗？池塘里的荷花，每天开放的数量都是前一天的两倍。所有荷花的绽放一共用了 30 天，那么在第几天池塘中的荷花开了一半？有人会猜是第 15 天。

然而，答案是第 29 天。到第 29 天时荷花仅仅开了一半，但是在第 30 天的时候，荷花却开满了整个池塘。荷花每天按照前一天的倍数开放，如果池塘中第一天只有一朵荷花，第二天就变成了两朵，第三天就是四朵，以此类推越变越多。从半池荷花到满池荷花仅仅用了一天时间，是不是很神奇？这就是著名的荷花定律，这其中也蕴含着投资理财中的一个术语——复利。

复利，是一种计算利息的方法。复利计算的特点是：把上期末的本金与利息之和作为下一期的本金，在计算时，每期本金的数额都是不同的。按照这种方法推算，新得到的利息同样可以生息，因此俗称“利滚利”或“利叠利”。计算利息的周期越短，增长就会越快；年期越长，复利效应也会越明显。

复利的本息计算公式是：

$$F=P(1+i)^n$$

其中，F 为终值，或者叫未来值，即期末本利和的价值；P 为现值，也就是期初金额；i 为利息增长率；n 为计息期数。

从上面的公式可以看出，终值是由现值、利息增长率和计息期数三个因素决定的。现值我们可以理解为起点，本钱；利息增长率是成长的速度；计息期数则是时间的累积。这三个数值越大，我们收获的就越多。

例如，你有 10000 元用于投资，那么在不同时间段、不同投资回报率的情况下，本金会变成多少？分析如下。

在 10% 与 20% 的投资回报率（i）下，10000 元本金（P）于不同时间段（n）的收益（F）如表 1 所示。

表 1　投资 10000 元在不同时间段的不同收益

投资回报率	时间段 1	时间段 2	时间段 3	时间段 4
	1 年	5 年	10 年	20 年
10%	11000 元	16105 元	25937 元	67274 元
20%	12000 元	24883 元	61917 元	383375 元

从表 1 中可以看出，把 10000 元用于投资，如果投资回

回报率为10%（每年增长10%），10年后将增值为25937元，20年后将增值为67274元；如果投资回报率为20%（每年增长20%），那么10年后将增值为61917元，20年后将增值为383375元。所以，越早开始投资、年份越长、增长率越高，你的收益就会越多。当然，初值也很重要，如果你的本金是10万元，收益就会增值10倍。

“复利是世界第八大奇迹”，有人说这句话是天才物理学家爱因斯坦说的。虽然现在已经无法考证是否出自他口，但是复利确实创造了很多奇迹。

接下来，我给大家讲一个“棋盘上的米粒”的故事。

关于国际象棋的故事有很多，这个就是其中很有趣的一个。印度的一位国王厌倦了自己至高无上的权力和难以计数的财富。一天，一位老人将他发明的国际象棋献给了国王。国王十分感谢这位老人，于是就问他想要得到什么奖赏。这位老人想了一会儿提出：“我想请您赏给我一些米。请您把1粒米放进棋盘的第1格，2粒米放进第2格，4粒米放进第3格，8粒米放进第4格，以次类推，每个方格中的米粒数量都应该是之前方格中米粒数量的2倍。不过恐怕您的库房里没有这么多米给我的。”

国王欣然应允，还诧异于老人的最后一句话。但是细细计算后，国王大吃了一惊——若按老人的要求，将米粒放满棋盘上的64个格，居然是18446744073709551615粒米

（$2+2^2+2^3+\cdots+2^{64}$），1 千克大米约有 4 万个米粒，1 亿粒米大概是 2.5 吨。那么应给老人的赏赐约为 460 亿吨米，这个庞大的数量国王根本无法兑现。

上面故事中的结果是不是很惊人呢？所以，请相信复利，相信奇迹吧！

复利带来的创富神话

沃伦·巴菲特大家都听说过，他是有史以来闻名遐迩的成功投资者之一。在 2020 年的“福布斯富豪榜”上，他以 711 亿美元的财富排在第五位，2008 年他在全球富豪中排名第一，成为全球首富。由于沃伦·巴菲特投资股票的眼光独到又奇特，且非常高明——他投资的股票所在的行业都会“走红”，所以沃伦·巴菲特被众多投资人尊称为“股神”。他创建的伯克希尔·哈撒韦公司则是一家具有广泛影响的投资控股公司，在全世界同类公司中，其股东净资产总值名列第一。该公司是拥有股票、债券、现金和白银的保险王国，同时它还拥有许多实业公司。

沃伦·巴菲特把复利积累的过程比作滚雪球。他曾这样总结自己的成功秘诀：**“人生就像滚雪球，重要的是发现很湿的雪和很长的坡。”**的确如此，我们把小雪球放在长长的雪坡上，一旦获得了起始的优势，它就会越滚越大，优势会越来越明显。“滚雪球”就是我们说的复利积累。沃伦·巴菲特的人生就是一个复利积累的过程，前期增长缓慢，后期增速越来越快。

在沃伦·巴菲特的巨额财富中，99% 的财富都是在他 50 岁之后获得的，他在各个年龄段拥有的财富数据如下。

20 岁时，有 10 万美元；30 岁时，成为百万富翁；39 岁时，个人净资产为 2500 万美元；43 岁时，个人净资产达到了 3400 万美元。这一年，他所在的伯克希尔·哈撒韦公司花了 2500 万美元买下了著名的喜诗糖果公司；50 岁时，成为亿万富翁；60 岁时，成为百亿富翁；在 66~72 岁的 7 年内，沃伦·巴菲特的净资产又翻倍增长，达到 357 亿美元。沃伦·巴菲特于 2008 年成为世界首富，此时的沃伦·巴菲特打算将自己的财富用于慈善事业；2015 年，85 岁的沃伦·巴菲特的净资产为 670 亿美元；2020 年，沃伦·巴菲特的资产接近 1000 亿美元，这时，他已 90 岁高龄，但似乎还没有要停下来的意思，还在继续“滚雪球”，因为他曾说过，他希望能够长寿，这样才能把“雪球”滚得更大。

从沃伦·巴菲特的例子可以看出，虽然年轻的时候他的财富变动并不大，但是就像荷花定律一样，随着时间的增长，财富的增长速度就越来越快，尤其在他 50~60 岁的阶段，他的财富实现了成百倍的增长，60 岁时他的财富竟然是 20 岁时的 10 万倍，这就是复利积累，也就是“滚雪球”效应。沃伦·巴菲特在美国经济高速发展的这条“雪道上”滚出了他的“巨无霸雪球”。

复利是不是很神奇呢？人生有许多事情都需要复利积累，无论是知识、阅历，还是工作经验。万事开头难，在刚开始工作的几年中会和“滚雪球”的初期一样，你会感到积累得有些慢，但是后期的复利累积将会越来越顺利。

例如，你刚刚参加工作，一个月的薪水是 5000 元；5 年之后，通过学习、掌握技能、获取机会，月薪就有可能达到 20000 元；继续努力下去，年薪达到百万元也不是没有可能。这种增长是在时间的催化下，随着知识的不断累积、技能的不断提升、阅历的不断丰富和复利的累积而产生的。

复利创造了一个个的致富神话，让我们利用复利神奇的力量来滚好我们自己的“大雪球”吧。

找到“很湿的雪”和“很长的坡”，让“雪球”滚起来

团过雪球的人一定知道：一开始必须聚集一些雪花，聚成一个小雪球，一个雪球最初可能只有一颗葡萄这么大。慢慢地，小雪球上粘到的雪越来越多，雪球会变得像苹果、像西瓜那么大，最后当双手拿不住的时候就可以把它放在地上滚了。这时候，你需要找到一条正确的雪道，这条雪道必须有足够长的坡及足够厚的雪。然后，你需要做的就是耐心持

有。雪球在正确的雪道上会越滚越快、越滚越大，逐渐势不可挡、所向披靡。如果你错选了一条没有雪的雪道或者是一条又短又坎坷，甚至是一条温度相对较高的雪道，那么你的雪球一定无法变大，甚至会融化。

很多资深投资人都懂得“滚雪球”的道理，我们可以这样解释巴菲特的名言**“人生就像滚雪球，重要的是发现很湿的雪和很长的坡”**。如果把我们积累财富的过程比作滚雪球，那么**“雪球”就是我们积累的财富，“雪道”就是发展中的行业，而“雪道”上的“雪”就是报酬递增的商业模式。**雪球滚动时，它的体积会因为表面不断粘上更多的雪而变大，**所以“滚雪球”的过程也是一个复利积累的过程。**

每个人都希望人生能够收获一个“大雪球”，我们怎么样才能找到**正确的适合自己的“雪道”**，轻松“滚雪球”呢？

我们来看看最近火遍国内外的短视频博主李子柒的故事。李子柒的视频反映了中国乡村古风生活、传统美食、传统文化。她四月酿出枇杷酒，五月酿出樱桃酒，七月做出七巧饼，八月做出苏式鲜肉月饼；她会上山爬树，还会砍柴打鱼。她的视频让外国人也深深感受到中国传统文化的魅力，在国外视频平台的粉丝数高达几百万。

视频中的中国乡村生活，是外国人特别是欧洲人从未见过的生活方式，所以他们会好奇、会关注。如果视频主题是城市生活，想必外国人兴趣不会太大。而对中国粉丝来说，回归自然是都市人释放压力的一种方式，所以李子柒在视频里用老木头做秋千和洗漱台，将花草和蜂蜡变成胭脂水粉……都是都市人所向往的。

在全媒体时代，作为一名“90后”内容创业者的李子柒牢牢抓住了短视频这一历史机遇，拍摄制作的视频抓住观众痛点，没有宏大叙事、没有预设的目的和动机，一开始甚至只有自己一个人拍摄剪辑，真实展示了山村生活中的美好部分，最终走红海内外。

2016年以来，李子柒就是在正确的、适合她的“雪道”上“滚雪球”，最终收获了自己的成功。我们用她的经历来总结一下怎样在正确的、适合自己的“雪道”上“滚雪球”。

首先，我们选择的“雪道”必须是在上升趋势中的行业和领域，符合时代和经济发展的大趋势，是在风口上的行业。只有这样的“雪道”的坡才够顺、够长，“雪道”上的“雪”才够多。这样滚起“雪球”来才能轻松。

随着工作、生活节奏的加快，人们对时间较长的视频越来越缺乏耐心，五分钟以内甚至十几秒的短视频正好符合了人们碎片化阅读的需求。随着4G和WiFi的普及，每个人都可以随时随地参与到短视频中；5G的到来，看视频会越来越流畅，会有越来越多的人选择短视频作为娱乐消遣方式。因此，短视频在未来的发展会远超现在。而当时市场才刚刚起步，正是抢占行业先机的好时候。李子柒牢牢抓住了短视频发展这一风口，获得了成功。

其次，我们要探索自己内心的喜好，做自己擅长的事，跟风口结合起来。这样滚起“雪球”来才能有激情，拥有幸福感并且会觉得很轻松。当我们的内心充满激情和喜悦时，就会激发出自己最大的潜能，将爱好和行业的大趋势结合起来，有可能创造出更多的财富。

李子柒十几岁外出打工，做过餐馆服务生，也做过酒吧DJ，但是这些都不是她内心真正想要的。她没有像很多来自农村的年轻人一样，觉得大城市才有发展机会，拼尽全力要留在城市。她觉得自己不属于城市，所以选择回归田园和奶奶一起生活并制作田园主题的短视频。

李子柒当初的想法很简单：她所处的环境相对原生态，这对已经远离了乡土、自然的人，可能会有吸引力。李子柒从小母亲去世，和爷爷奶奶长大，爷爷是个乡厨，这让她耳濡目染，从六岁起就学会了烧火做饭。视频里展示的内容，都是她从小到大最熟悉不过的场景——一年四季，春耕秋收，到了哪个季节种什么粮食、栽什么菜、吃什么果子、干什么活——没有刻意策划今天拍什么、明天拍什么，这些都是她发自内心喜爱的和想做的。只有做自己爱做的事情，灵感才会不断涌现。所以，她也获得了成功。

这个时代给予我们的机会真的很多，如利用互联网高速发展的大趋势，热爱旅游的朋友成了旅游博主，为大众介绍世界美景，提供旅游攻略，有了百万付费粉丝和大量的广告收入；爱美的姑娘变身美妆达人，在电商平台直播示范化妆，教粉丝们如何变得更美，由此带来的化妆品销售额也十分可观；网络游戏玩家成为电竞选手，高额奖金赚到盆满钵满，轻松实现了财务自由。一切都是有可能的。

最后，让我们放松心情，相信神奇的复利的力量，在自己的“雪道”上坚持下去！ 世界很奇妙，人往往越不计较得失成败，持平和的心态，抱着单纯的想法坚持做自己喜欢做的事，收获的反而会越多。李子柒 2016 年开始上传视频，一直不温不火，直到 2017 年才频繁出现在大众视野中。2017 年，她的短视频《秋千》为其带来近 1000 万人次的单个视频全网播放量。在一夜成名之前，她做了很多积累，不断总结经验才有了后面的成功。

悦函点睛

▶ 放松心情，做自己喜欢的事情，在自己的“雪道”上坚持下去，享受人生。请相信，热爱和激情可以产生商机，也能创造出专属于你的“巨无霸雪球”。

复利积累让你获得各个领域的成功

在过去的几年里，我开设线上和线下的财商成长课程，既教授正确的财商思维，也教授如何把握趋势和风口，以及如何进行复利积累，还教授关于实现财务自由的正确的思维和行动方法。我的课程帮助过很多人，他们都是一些普通人：有刚毕业的学生、职场新人，也有创业者；有找不到方向的保险代理，也有遇到中年危机的程序员；有全职妈妈，也有被男朋友分手的女白领。让人高兴的是，他们都是用我在本书中提到的方法进行复利的累积，在几年内让自己的人生走上了正确的道路，很多人甚至实现了逆袭。他们现在做着自己喜欢做的事情，站在人生的风口上，拥有了更多属于自己的财富，找到了人生的幸福，很多人也已经实现了财务自由。

记得有一天，学员小青突然对我说："黄老师，我用你讲的复利理论不仅积累了财富，而且还积累了很多的客户。一年下来，我的客户是去年的好几倍，也是同事们的好几倍，我的业绩得到了明显的提高，收获非常大。"她还很神秘地冲我眨了眨眼，说："黄老师，我告诉你啊，我现在还把复利理论用在处理和男朋友的关系上。本来我们各忙各的工作，感情变得淡了，但是用了'正向复利积累'这一招三个月后关系就改善了，我们现在可甜蜜了。"听到这里，我真为她感到高兴。小青是一位保险代理人，她不但把复利理论用在了积累财富上，而且聪明地把复利理论用在工作中积累人脉和与男朋友维系感情上。她在工作和感情上也收获了自己的"大雪球"。

而在之前，小青生活中存在很多问题，她总也想不明白：为什么自己这么勤奋还赚不到钱？为什么每天这么累却没有工作成果？为什么同学们都功成名就，自己却在原地踏步？为什么做了这么多的牺牲，却没有挽回男朋友的心？她也总是问我：

为什么那些不如我的人，做得比我好？为什么花了那么多钱买化妆品，却没有变美？为什么办了健身卡，身体却还是处在亚健康状态？

小青的问题是不是也是我们很多人生活中面临的问题呢？时间是一位神奇的魔术师，随着时间的推移，我们完全可以变得更美好，小青现在就应用复利理论解决了她的问题。但是很多人却没有得到像小青一样的结果。女性的青春是很宝贵的，如果我们在应该绽放的年龄却因为不得法而错过了，那就太可惜了。

投资理财中可以用到复利理论。投资既可以指资金投资，也可以指自我投资，实现自我提升。关于资金方面的投资，我们将在后面的章节中具体讲解。现在，我们从复利的角度探讨一下自我投资。

在一年的 365 天（n）里，我们每天努力（增长）0.01 和每天懈怠（降低）0.01（i），分别会有什么样的结果？

每天努力 0.01：$1\times(1+0.01)\times 365\approx 37.78$

每天懈怠 0.01：$1\times(1-0.01)\times 365\approx 0.03$

大家可以看到，初值是 1（P），如果每天增长 0.01（i），那么 365 天（n）后得出的结果是 37.8；如果每天减少 0.01，那么 365 天后得出的结果将是 0.03。由此可以得出，我们在学习和工作中，如果每天进步一点点，一年后收获的将是 37.78 倍的成绩；但如果我们每天少做一点点，也就是对自己的投资为负，哪怕只是一个百分点，那么 365 天后的成果微乎其微。可见，学习和工作的过程都是复利积累的过程，积少成多，不进则退。

此外，复利还可以在其他方面创造很多的成功。例如，如果我们每天花 5 分钟背单词、花 1 小时看书、坚持跑步 2 公里，那么一年后的成果是惊人的。又如，每天少吃不健康的食品、减少玩儿游戏的时间、减少一个坏习惯，坚持一段时间后，你将收获不一样的积极人生。

我们完全可以让复利帮助我们的人生轻松开挂，在各个领域都可以让我们的成果越滚越大，从而收获自己的“大雪球”。就像小青那样，既可以收获事业的复利、情感关系的复利、人际关系的复利，也可以收获美丽的复利、健康的复利……目前，我的学员都把这套复利理论渗透到自己工作生活的方方面面。他们当中，有的坚持写作，从每天写 500 字到 1000 字、2000 字、3000 字，最终创办了自媒体公众号；也有的从不敢和异性说话，到现在非常会和异性打交道，成为异性眼中的阳光女孩；还有的从 120 斤成功减重到现在的 90 斤，轻松收获了完美身材。当然，也有更多的学员坚持投资，在通往财务自由的路上越走越远。掌握了方法，成功就是这么简单易行。

在后面的章节中，我会介绍怎样把复利积累应用到生活和工作中的各个领域——财富复利、事业复利、人际关系复利、行动复利、情感复利、学业复利、美丽复利、健康复利等。用同一套复利理论轻松帮助大家解决问题，收获成功。

通过对复利理论的应用，可以让我们在最短的时间内掌握人生，掌握在各个领域成长的最基本逻辑。只要你懂得复利思维，知道它在生活和工作中的应用方法，就会省去盲目的勤奋，更不用无谓地吃苦和牺牲，而可以与时间这位魔法师一起打造自己想要的一切，轻轻松松，水到渠成。

本章要点复盘

- 复利，是一种计算利息的方法。复利计算的特点是：把上期期末的本金与利息之和作为下期的本金，按照这种方法推算，新得到的利息同样可以生息，因此俗称“利滚利”或“利叠利”。计算利息的周期越密，增长就会越快；年期越长，复利效应也会越明显。
- 复利的“滚雪球”效应让著名的美国“股神”沃伦·巴菲特获得巨额财富，他的名言“人生就像滚雪球，重要的是发现很湿的雪和很长的坡”，说的就是复利效应。“滚雪球”的过程就是复利积累的过程。
- 我们要做自己喜欢的事情，在自己的“雪道”上坚持下去，享受人生。请相信，热爱和激情可以产生商机，也能创造出专属于你的“巨无霸雪球”。
- 我们可以把复利积累应用到生活和工作中的各个领域——财富复利、事业复利、人际关系复利、行动复利、情感复利、学业复利、美丽复利、健康复利……复利可以创造奇迹，帮你收获各方面的成功。

第四章

复利积累让你的工作和生活轻松开挂

财富复利：
如何跳出盲目勤奋的陷阱，轻松实现财务自由

在我们的生活中，很多人经常被一个问题困扰：有的人勤奋辛苦，天天忙忙碌碌，早出晚归，付出的不比别人少，却没有获取到财富；而有的人看上去不比别人勤奋辛苦，也不一定比别人学历高，却很轻松地获得了财务自由，这到底是为什么呢？

我们每个人都在追求财富，拥有足够多的财富就意味着我们可以住在自己喜爱的房子里，购买喜爱的配饰和衣服，开钟爱的车，到世界各地去旅行，享受各地的美食，能够相对自由地支配自己的时间等。我们热爱财富，对我们来说，财富总与富足、独立、自强联系在一起，也总让人产生自由、精致、美好的联想。有的人会说，财富带来的好处我们当然知道，到底怎样才能获取财富呢？

要想获取财富，我们需要有正确的思维方式和行动方法，并且要在正确的道路上进行复利积累。2020 年，“福布斯富豪榜”上的第一名是 56 岁的杰夫·贝索斯，他是电商网站亚马逊的创始人，资产达 1460 亿美元。杰夫·贝佐斯是毕业于普林斯顿大学的高材生，大学毕业后在一家华尔街的基金公司担任基金经理。有一次，杰夫·贝佐斯偶然进入一个网站，看到了互联网使用人数每年以 2300% 的速度增长，他嗅到了大好商机，准备创业。他辞去了华尔街风光的工作，在无数个商品的选择中确定了网上售卖图书的方向，创办了亚马逊网站。开业三年后，亚马逊成为世界上最大的网上书店，后来发展得越来越好，慢慢成为美国最大的电商平台。这里我们就通过杰夫·贝佐斯成为世界首富的经历来分析一下，怎样积累财富的复利，实现财务自由。

要有正确的思维方式：对财富有正面积极的态度

有些人听了杰夫·贝索斯的故事后会想，杰夫·贝佐斯是命好，而自己没那个命，发不了财。这个想法是错的。还有几种常见的错误思维方式，如有的人觉得一味地吃苦和勤奋才可以获得财富，也有的人为了积累财富而拼命攒钱。这些思维方式都是不够正面和积极的。

首先，“觉得自己没有富裕的命”是一种消极的思想。正如引力法则一样，你想什么就会让自己在这种振频上震动，从而吸引同样的东西。富豪们都很自信，有着远大的志向和积极的想法。例如，杰夫·贝佐斯辞去了众人羡慕的华尔街的高薪工作，但是他认为在互联网领域创业一定会比做基金经理更有前途，想法非常积极。后来，他确实成为世界首富。

其次，有的人觉得一味地吃苦和勤奋才可以获得财富。在生活中勤奋的人有很多，我们自己一定也有辛苦工作的体验：为了工作早出晚归，兢兢业业。有时加班回到家里已经是深夜了，晚饭还没吃，感觉精疲力尽，第二天却还要早起。苦是没少吃，但却没有获得财富，这是为什么呢？获取财富要讲究方法，要在正确的“雪道”上“滚雪球”，否则用错了方法、走错了方向，有时候越勤奋可能损失越大。

最后，有的人为了积累财富舍不得花钱，其实有时候钱是可以越花越多的，只有把钱用于投资提升自己或者高成长的行业中，才可以生出更多的钱来。如果杰夫·贝佐斯舍不得用 30 万美元的启动资金创业，他恐怕现在还是一名普通的基金经理。

所以，我们一定要对获取财富有正面和积极的态度。

找到适合自己的正确道路：一定要顺应趋势和风口

趋势和风口

趋势是指事物发展的动向，也是事物自身发展运行的一种自然规律。只有我们的行为符合趋势，才能获得自己预期的结果。我们可以将“风口”理解为顺应社会发展的趋势、得到政策支持，因而高速发展且拥有巨大盈利潜力的产业或领域。

例如，杰夫·贝佐斯创办的亚马逊公司在过去20年里就在互联网高速发展的风口上。贝佐斯经过短短20多年就在2020年连续第三年成为全球首富。又如，过去20年里中国的房地产市场也一直在高速发展的风口上。最近在风口上的有人工智能行业、知识付费行业等。

在这些高速发展的行业中，我们可以“被风轻松吹到天上”。如果我们在倒退的行业或者领域里发展，那样会做得非常辛苦，甚至反而越做越亏。这些在第二章“成功的人靠的就是趋势和风口”中都有所阐述。

做自己喜欢和擅长的事情才是适合自己的正确道路

杰夫·贝佐斯对互联网电商产生了浓厚的兴趣，他痴迷于互联网创业，为此放弃了华尔街的工作，并投入全部积蓄，以此为终身从事的事业。

从事自己喜欢的工作就像和自己爱的人结婚一样重要，会给自己的事业带来源源不断的激情和动力，让自己克服前进道路中的一切困难，并最终坚持到胜利。

在正确的道路上耐心地进行复利积累

无论做什么，成功都不是一蹴而就的，都是一个复利积累的过程。

“股神”沃伦·巴菲特说，“人生就像滚雪球，重要的是发现很湿的雪和很长的坡”，“湿的雪”指有价值的投资对象，“很长的坡”是指增长的时间要足够长。我们反复强调，在复利积累中，时间是非常重要的。以“股神”沃伦·巴菲特为例，他在20岁时只有10万美元，到他90岁拥有千亿身家时用了70年。

在我们中国也有很好的例子。例如，开发微信的腾讯公司的股票2004年上市当日价格为4.19元，2018年1月29日收盘创新高，价格为2403.04元，是上市当日的579倍，这个过程历时14年。又如，北京二环内房子的单价在20年里涨了约40倍。大家知道，股市和房地产市场都是有起有落的，当你持有一只绩优股或者一套好地段的房产时，如果在股价调整或房价涨了一倍时就落袋为安，那就收获不了“大雪球”了。所以，我们一定要在正确的道路上耐心坚持。

悦函点睛

▶ 积累财富复利的要点：首先，要对财富有正面和积极的态度；其次，要找到自己喜欢的和适合的道路，并且要顺应趋势和风口；最后，要在正确的道路上耐心地进行复利积累。

▶ 请思考：你想在什么样的雪道上滚大你的“雪球”，收获财富的复利？你现在的雪道是不是足够长，有没有足够多的雪？

事业复利：
哈利·波特的作者教你人生逆袭，拥有成功的事业

我们先来分享一位女士的故事。

她曾是个走投无路的生活失败者，被丈夫抛弃、成为单身母亲后靠每周 103.5 英镑的社会救济艰难度日。因为没找到合适的工作，她和年幼的女儿居无定所。冬天，房间冷得像冰窖，她因为付不起账单发愁，抑郁到几乎自杀。但因为女儿，她决心活下去。好在她从小喜欢并擅长写作，1994 年开始，她一边带女儿一边开始创作她的小说。为了取暖，她推着婴儿车到附近的咖啡馆里写作。历时五年，第一部小说最终在这个不起眼的咖啡馆里完成了。

后来，她的作品创造了出版界的奇迹，被翻译成 80 余种语言在世界各国发行，引起了全世界的轰动，她还登上了“福布斯排行榜”，重建幸福的家庭，终于完成人生逆袭，成为赢家。从贫困潦倒、默默无闻的单亲妈妈一跃成为著名的作家，这位女士就是畅销书《哈利·波特》的作者 J.K. 罗琳。

很多人在职业生涯的起步阶段也会过一段比较贫困的日子，虽然没有像 J.K. 罗琳那样靠领救济金维持生存，但是也会为房租、为生计而发愁，甚至遇到特别难的时候会找不到

方向，看不到希望。在这种情况下该怎么做呢？尤其是一些留在一线城市的大学毕业生，生活成本很高、压力又很大，很多人会在这时犹豫：是要放弃，还是继续坚持下去。相信我们从 J.K. 罗琳的励志故事里可以找到给人启发的答案。我们来看看她事业的复利是怎样积累的。

1. 要有正确的思维方式：做一个有事业的女人

现实生活中很多女性在听到男性说“我养你”后感动得不行，就像 J.K. 罗琳一样，一毕业就嫁给了自己心中的王子，选择放弃自己的事业，专心在家相夫教子。J.K. 罗琳曾经相信爱情，去异国他乡结婚，没有发展自己的事业，然而感情破裂后被前夫赶出家门，身无分文的她靠领取政府的低保救济生活。所以，她的这段经历告诉我们：十万不能做一个放弃事业的女人。

首先，放弃事业的女人每天关注的只有孩子和丈夫，对整个社会的关注和认知越来越少，最终慢慢和社会脱节。其次，女人没有了事业和收入，很容易失去婚姻中的话语权，处于一种被支配的地位，甚至完全丧失婚姻中的竞争力。最后，婚姻存在风险，全心全意地为家庭付出并不一定能换回百年好合的结局。当婚变的风险不幸降临的时候，拥有一份事业和至少能养活自己的经济能力就显得尤为重要。

J.K. 罗琳在离开她的前夫后，因为没有事业，所以只能带着幼小的孩子艰难度日。庆幸的是，后来她觉醒了，开始了她的写作生涯，最后通过复利积累，成为著名的女作家。所以，女人一定要拥有一份自己的事业，靠自己的实力赚钱。这样才能让我们跟上时代的步伐，并且拥有掌控自己人生的资本。

2. 找到适合自己的正确的道路：做自己热爱、最有激情的事

我们要做自己热爱、最有激情的事，千万不要什么热门做什么。如果因为一些原因做了自己不喜欢做的事，我们就会从内心抵触。例如，你想创业，但是父母要求你从事稳定的工作；你的本心是做一个画家，但是因为装修设计赚钱多，所以就做了装修设计工作。自己不喜欢的工作很难做好，因此我们一定要做自己最喜欢的事，才不辜负自己的人生。

J.K. 罗琳最热爱的事情就是写作，她在孤苦无依的时候全身心地投入写作，只有写作的时候她才感到快乐。她坚信有一天，必定会达到事业的顶峰。随着传媒娱乐行业的高速发展，《哈利・波特》传播到世界各个国家，广受欢迎。如果 J.K. 罗琳在贫困的生活煎熬下没有坚持下去，而当了咖啡店服务员、把大部分时间用在咖啡店的杂务上，那么世界上就没有《哈里・波特》了。

3. 在自己热爱的事业上耐心坚持：不要总是换行业

我们既然选定了自己热爱的事业，就不要总是换工作。

得到了满满好评的反馈，所以就把才入职三年的园园调到新开的门店当店长，很多老员工都很羡慕她。

园园一直谢我，说我是她的贵人。其实我只是在员工内部培训的时候顺便夸了夸园园，也没费时间和精力，没想到给她带来这么大的改变。从这件事上可以看出：良好的人际关系有时真的会给你的人生带来巨大的改变。我们可以通过分析园园的事来找到积累人际关系，从而借助他人的力量获取成功的方法。

1. 要有正确的思维方式：认识到人际关系的重要性和拓展人际关系的可行性

重要性：在园园的故事中我们看到，重要的不是你知道什么，而是你认识谁。我们每天都在与形形色色的人打交道，尤其是保险销售、房地产销售等销售人员。如果平时不积累和经营人际关系，那么往往会在需要求助别人的时候发现没有人可以帮助自己，没有资源可以用。美国石油大王洛克菲勒曾说："我愿意付出比天底下得到其他本领更大的代价来获取与人相处的本领。"由此可见，人际关系是非常重要的。

可行性：人际关系是可以打造的。知名的六度人脉关系理论，指的是地球上所有的人都可以通过六层以内的熟人链和其他人联系起来。也就是说，最多通过六个人你就能够认识任何一个你想认识的陌生人。园园就是通过我和他们公司总部负责人连接起来的，否则一个入职三年的新员工恐怕只有在年会时才能见到这位负责人。所以，我们要坚信人际关系是可以打造的。

2. 找到适合自己的正确的道路：怎样结识想要认识的人

首先要自信、真诚，既不要觉得自己有求于人而望而却步，也不要带着功利心去认识他人，这样做只会让自己觉得矮人一头、更加不自信，而别人也会感知到。我们应该用言语和行动把真诚传达给对方，让对方感受到你的光和温度，然后被你吸引。

其次要为他人创造价值。有的人觉得虽然认识很多人，但关键时刻却没有人能帮上忙，原因是**拥有的不一定是有效的人际关系，能提供价值的才是有效的人际关系。**就像园园一样，她能帮助到的人才构成了她的朋友圈，别人本着互利原则也会帮助她。所以，我们要提升自己，多为别人创造价值。“你若盛开，蝴蝶自来”，我们不要追着蝴蝶跑，而要把自己打造成“美丽芬芳的花朵”，蝴蝶自然会被吸引过来。

3. 在正确的道路上耐心坚持：坚持积累自己的人际关系

坚持人际关系的复利积累，我们可以设定目标，如每天结识一个新的朋友，从他人角度出发，真诚地为别人考虑。我们经常会遇到以下问题：要么不敢开口结交陌生人，要么因过于热情而把别人吓跑，要么话说不到点子上等。我们需要觉察到自己的问题，通过实践、总结、调整、再实践来慢慢掌握正确的方法。这样就可以结交更多的朋友，人际关系也一步一步积累起来。

以园园为例，她认真处理客户的工作，说话客观真诚，为客户着想，人人都称赞她，使得客户下次有生意时还是会联系她，也会把她推荐给其他朋友，这就是她积累的人际关系复利。

人际关系的积累本身就是一个复利积累的过程，认识了一位朋友，他会再把自己的朋友介绍给你认识，你认识的人就会越来越多，朋友圈也会越做越大。

悦函点睛

▶ 积累人际关系复利的要点：首先要自信、真诚，其次要为他人创造价值，最后要坚持积累自己的人际关系，让人际关系复利越滚越大。

▶ 请思考：你的人生中有没有过遇到贵人的经历？他给你带来的重大改变是什么？

行动复利：如何通过持续的行动，战胜平庸的生活

很多人会在年初给自己定目标，如今年要减肥 10 斤，要找到一个高富帅男朋友，要提升工作业绩，要读 50 本书，

要学完10门知识付费的课程，等等。但是，到了年底一看，健身房的年卡去了还不到10次，体重不但没减，还增加了5斤；情人节依然是自己一个人过；业绩仍是原先的水平；书和课程买了不少，但是书没翻过几本，课也就听了前两节。

其实，这是我们生活中普遍存在的现象。大多数人会踌躇满志地立一个flag（目标），嘴里喊着要早点行动，身体却很诚实地继续拖延，所以随着时间的推移，影响了个人的进步和成长，继续过着平庸的生活。

几年前我也有拖延的时候。以我写书的经历为例，一开始我会有完美主义的倾向，总是担心做出来的东西不够好，于是征求业内资深人士的意见——有的人觉得要接地气，不能写太多很深的理论；有的人认为写得太浅了不好，要提高档次……不同的人给出的意见截然不同。于是，我把书的大纲写了又改、改了又写，在写提纲上花了大量时间，结果内容却很难推进。

后来，我发现完美的实质就是一个不可能达到的目标，做的事情永远不可能让所有人满意。于是我给自己定了一个标准：我的书给大众提供价值，让普通人学会经济学的基本知识，会简单判断经济周期、经济形势，对投资理财有一定了解，并且对风险有防范意识，这样就可以了。然后我就开始逐字逐句地写内容，1000字、5000字、1万字……最后完成了一本15万字的书。写完以后，我自己都不敢想象。**行动的力量真的很惊人！**如今，我养成了写作的习惯，越写越轻松，已经完成了多本图书的创作。

所以我们不要因为担心不完美、担心有风险而不行动。完美是一个不可能达到的目标，我们不可能让人人都满意。人生的时间很宝贵，有了方向就可以先行动起来，不行动才是最大的风险。一旦开始行动，你就已经超越了世界上绝大多数的空想家。

我们要怎样通过持续的行动来战胜平庸的生活呢？

1. 要有正确的思维方式：把持续行动和快乐联系起来

我们如果真心实意地想改变，那么在思想上就会有强烈的意愿，也一定会给自己设立目标。但是，通过行动进行改变就一定会离开自己的舒适区，离开舒适区就会感到不舒服、不适应。人都是追求快乐、逃避痛苦的，所以我们的想法至关重要，我们一定要把持续的行动和快乐联系起来。

例如，你选择给客户打电话来提升业绩。当你给客户打电话的时候，可能会遇到电话被挂断甚至被客户斥责的尴尬情况，如果你一直担心这样的情况发生、想起来就发怵，恐怕就不会行动了。但是如果你换一种想法：我今天打 100 个电话，会有 10 个客户愿意接听，其中 5 个客户有进一步交谈的愿望，那么这 5 个客户就是你工作的成果。这样想，就会给你带来快乐的工作状态。

又如，每次健身我们都觉得腰酸背痛，此时你可以换一种思维方式：每次运动后都很疲惫，甚至腰酸背痛，这说明我正在减体重塑形，我的身材会比以前美，能穿上以前穿不下的衣服，朋友们也会对我另眼相看。这样的想法就会促进你持续地行动，进入良性循环，使自己形成积极的改变。

所以，我们在行动的过程中一定要有积极的思维方式，不舒服的时候要意识到自己已经发生积极的变化了，这时候就会感到快乐。我们把行动和快乐联系起来，才能给行动提供源源不断的动力，永不间断地指导我们持续行动。

2. 找到适合自己的正确行动方法：榜样的力量和环境的影响

很多人在开始行动前不一定能找到最正确的方法，没有关系，只要开始行动，方法自然就会出现。

首先，可以找一个榜样来模仿。例如，做销售的朋友可以公司的销售冠军为榜样，看看他 / 她是怎么做的——每天怎样打电话联系客户、怎样介绍产品、怎样维护客户关系。模仿是最快成功的方法，也可以从一些从未谋面的榜样身上获得力量，如看一些名人传记或各行业佼佼者的著作及培训课程的视频。

其次，可以给自己营造一种积极的氛围，在这个氛围里有很多和你目标一样的小伙伴，大家一起打卡、互相监督、互相鼓励。最简单的就是建立微信群，如读书打卡群、跑步群、戒酒群等。我最近发起了一个戒糖群，组织 50 位群友通过 21 天的戒糖让自己的皮肤变得健康，身体更有活力。

因为每个人要达到的目的不同，所以实现每个目标的行动方法都不一样。和目标相同小伙伴一起行动吧，相信你很快就可以找到适合自己的方法。

3. 在正确的道路上耐心坚持：持续行动会形成习惯，变得简单易行

在行为心理学中，有一个 21 天效应，即一个人的动作或想法如果重复 21 天，就会变成一个习惯性的动作或想法，变得简单易行，最终到达舒适区。所以，如果坚持 21 天做一件事，就可以形成习惯，最终毫不费力地持续做下去，习惯也是持续行动的复利生成的。在开始的时候可以给自己设置相对容易的目标。以跑步为例，可以先跑 500 米、800 米，到后面加大难度，慢慢变成 1000 米、2000 米、3000 米，21 天后就会觉得很轻松了，再过一段时间以后，说不定就可以去跑马拉松了。

所以，21 天以后你就会养成健身、读书等各种各样让你更加优秀的习惯。这些都是持续行动带来的复利，也会让你战胜平庸的生活，过上精彩的人生。

悦函点睛

▶ 积累行动复利的要点：首先，不必力求完美，要针对自己的情况先行动起来，不行动才是最大的风险；其次，要把持续行动和快乐联系起来，要找个榜样来模仿，打造一个共同行动的环境；最后，持续行动的复利会使你养成习惯，让你的行动毫不费力，战胜平庸，过上精彩的人生。

情感复利：
年龄再大也能找到真爱，脱单就是这么简单

在一些大城市，会有很多单身的大龄女青年。她们的相貌、学历、工作都不错，非常优秀，也渴望爱情，可还是很难脱单。有人会说，是因为年龄大了，错过了最佳择偶期。其实年龄并不是找到真爱的阻碍，任何年龄的人都可以找到自己的幸福。

1958 年出生的美国歌手麦当娜已经 62 岁了，她的新男友是她的伴舞演员，比她小 26 岁。40 多岁的中国台湾歌手萧亚轩的男友黄皓也只有 25 岁，他们感情很好，一起出席综艺节目。有人说，这些都是公众人物，她们有颜值、有钱、有影响力，而我只不过是一个普通人，哪里能和她们比。下面我就举一个发生在我身边朋友的真实故事，她的经历告诉我们：只要你真心向往爱情，并且愿意为之付出行动，一定会找到自己的真爱。

汤汤和交往 8 年的男友分手了，虽然他们已经准备结婚了。她的前男友是个“凤凰男”，他擅自把他俩用来结婚的共同积蓄转移给他的弟弟。当汤汤发现时，她的男友却轻描淡写地说了句：“老家弟弟盖房子先用着，他也不是外人。”前男友还背着汤汤假装单身，在社交软件上扮有钱

人，用“京城百万男”的ID约会不同的女性。和男朋友分手时，汤汤已经35岁了。周围的朋友都为她不值：这么一个高学历、有颜值的姑娘却被她的男友耽误了青春、欺骗了钱财。汤汤的父母也一直发愁：汤汤年龄大了，万一成了“剩女”怎么办?

汤汤却不这么想，她觉得自己很幸运，没有和前男友结婚，不然以后的日子一定会鸡飞狗跳，毫无幸福感可言。与这样的人相处，还不如一个人过生活质量高。汤汤决定丰富自己的业余生活，让自己更加充实、更加快乐。

之前汤汤除了工作就是回家做饭、搞卫生，照顾前男友的生活。分手后汤汤有了很多的业余时间，她决定不再宅在家里。汤汤开始扩大自己的社交圈，多认识朋友。汤汤加入了小区住户群、读书会和流浪猫救助群。她积极参加线下的聚会，每次活动的时候都负责拍照，还负责维护猫咪救助群的微信公众号。在短短的几个月内，汤汤认识了几十位新朋友，她每天都过得很精彩。

在一次小区住户的聚会中，汤汤认识了邻居李律师。李律师是一个28岁的北京小伙，重点本科院校毕业，年轻帅气。李律师看到汤汤性格开朗、乐于助人，也喜欢和这个姑娘聊天。聚会后，他们互加了微信，汤汤向李律师咨询了前男友挪用共同储蓄的事。李律师了解到汤汤的情况后为她感到不值，又觉得她善良重感情，于是决定帮助她。

他们见了几次面，除了处理和前男友的法律事务外，还聊到了一些兴趣爱好。汤汤发现她和李律师都爱去街角的那家小吃店、都爱逛同一家书店、都爱喝同一种咖啡，世界观、价值观和人生观竟然也都很相似。

李律师也被汤汤吸引，他并不介意汤汤比他大 7 岁。在交往中，李律师发现汤汤没有年轻小姑娘的矫情，而是上得厅堂、下得厨房、眼界广认识高，真的是一个宝藏女孩儿。汤汤也发现李律师不仅家庭背景好、修养好、三观正，而且业务能力也很强。在李律师的帮助下，汤汤成功拿回了前男友挪用的她的储蓄。目前，这个储蓄已经要用到别的婚礼了，因为汤汤和李律师已经到了谈婚论嫁的阶段，真是让人羡慕。

这就是发生在我身边的一个真实故事，汤汤是我们流浪猫救助群里的一个成员，我们都为她找到真爱感到高兴。或许你希望自己也能找到像李律师一样又有才华又帅气的人生伴侣。汤汤的经历鼓励我们，年龄和过去糟糕的情感史并不能阻碍我们找到真爱。汤汤虽然已经 35 岁了，但是她找到了比她小 7 岁的李律师。每个女性任何时候都有获得真爱的机会。其实，年龄都是借口，很多渴望爱情的女性单身的主要原因就是因为认识的异性太少了。

你可以尝试问问自己：现实中有多少异性朋友？聊得来

又能约出来的又有多少？平时参与过什么群体性活动？生日或者重大节日时能收到多少祝福与礼物？在生活中需要别人帮忙时能否很快找到能帮助你的人（如搬家需要男性搬行李等）？生病时收到多少人（亲人以外）的问候、关心与帮助？通常答案是不尽如人意的，甚至让人觉得扎心。

所以，我们在此就运用复利理论来说明怎样多认识异性、早日脱单，并且维护好自己的情感关系，收获一份甜蜜的爱情。

1. 要有正确的思维方式：准确认识单身的原因，扩大社交圈

我们要相信这个世界上是有真爱的，坚信每位女性都值得被爱，不管年龄多大，都会收获一份属于自己的爱情。为此，我们要主动学习恋爱技巧，积极与人沟通如何经营感情，同时要扩大社交范围。

很多单身女性不是不想谈恋爱，她们也会看一些书来提高自己与异性交往的能力。但是，她们身边没有合适的异性，也不知道去哪儿认识异性，如有些女性，平常除了上班就是宅在家里看剧、逛淘宝、刷微博，节假日从来不出门，接触最多的异性恐怕就是外卖小哥、快递小哥了，真正能谈得来的男性几乎没有，更别提发展成男朋友了。所以要想脱单，就一定要主动争取，扩大社交圈。

2. 找到适合自己的正确的道路：制订一个合适的计划

把脱单当作一件严肃的事业来做，根据自己的情况制订一个增加异性社交的计划，如“我要在接下来的 100 天内认识 100 个有交往可能的单身异性朋友（有效联系人）”。当你设定好100个有效联系人后，要思考通过哪些渠道完成计划，接着列出所有的渠道、所有的时间和带时间节点的互动计划，然后测试这些渠道是否可行。对于你认识的每个人，都要建立对应的后续进程。通过观察不同的交往，探索自己的想法，找到自己喜欢的类型，同时提高自己的恋爱技巧和沟通水平。

认识人的渠道有很多。例如，下班后的同事联谊活动、校友会、老乡会、小区邻居之间的聚会、车友会、羽毛球俱乐部、滑雪俱乐部、流浪小动物救援会等。有时候总在一个圈子里的机会很小，越陌生的渠道反而机会越大。如果时间和精力允许，还可以成为这些组织的骨干人物，成为人与人联系的节点，这样就能认识更多的人。

需要特别注意的是：要制订适合自己的计划，即要根据你的时间和精力来确定有效联系人的数量，如给自己定每天要认识 10 个人的目标就不太现实，因为任何事情都是积累的过程。另外，我们要选择适合自己的渠道，如你喜欢看书，就可以加入读书会。不要为了认识人而去做自己不喜欢和不擅长的事，比如你本来不太擅长户外运动，但是看马拉松跑团里男生多便贸然加入，这样不利于通过共同兴趣找到共同语言。

3. 在正确的道路上耐心坚持：坚持增加有效联系人，提高经营情感的能力

如果你现在的有效联系人是 1 个，只要多认识 1 个人，增长率就是 100%；多认识 10 个人，就增长了 10 倍。当然，你的有效联系人不一定都和你发展进一步的关系，如果不合适，你还可以认识他身边的单身异性朋友。这样，随着时间的推移、复利的累积，你的有效联系人会越来越多，甚至成几何级成长。你认识的人越多，你找到真爱的机会就会越大。

另外，长久的情感需要每天经营和维护，每天给爱人一个微笑、一杯热茶，向你们共同的情感银行里投入一些关怀、责任、尊重和了解，相信你们一定会收获幸福的生活和满满的爱。

悦函点睛

▶ 积累情感复利的要点：不管年龄多大，女性都可以收获一份属于自己的爱情。我们要相信这个世界上存在真爱，要主动学习恋爱技巧和经营感情的方法。同时，要扩大社交范围，制定适合自己的计划，增加有效联系人。随着时间的推移和复利的累积，你认识的单身异性会越来越多，你一定会找到自己的另一半，收获幸福的爱情。

学业复利：
知道这三步，孩子轻松就读好学校

我们身边有很多家长对孩子寄予厚望，从上幼儿园开始，就给孩子报美术班、钢琴班、舞蹈班、体育班等各类兴趣班；上学以后，又要报英语班、作文班、奥数班等各种培训班。

为了让孩子上名校，家长费尽心思，花了不少时间、精力和金钱。幼儿园升小学时，一些年轻的家长为了上私立小学，会花重金带孩子上面试培训班，顺利录取后还要负担每年不菲的学费。有的名校离家很远，上学十分不便，遇到堵车时接送要花费几小时，有的家长甚至放弃工作、搬家陪读。还有不少家长出重金购买学区房，导致学区房的价格居高不下。

不少家长深知没有学历寸步难行，便将自己未曾实现的愿望寄托在孩子身上。他们省吃俭用，给孩子报了不少培训班，甚至请知名教师一对一补课，望子成龙。现在的择校大多依据考试分数作决定，“考不上好小学 = 考不上好中学 = 考不上好大学 = 找不到好工作”的观念使不少家长被升学压力裹挟，难怪家长会很焦虑。

家长们付出了这么多，孩子们的学习压力也很大，但偏偏有些孩子的学习成绩并不理想。这时，有的家长就会“恨铁不成钢”，在给孩子辅导作业时怒吼，急性子的家长甚至还动手打孩子；有的家长在辅导孩子功课的过程中，自己也气得够呛，甚至还为此气坏身体进了医院。辅导作业已经成为破坏亲子关系的第一“杀手”。

实际上，学业的进步也是一个长期的复利积累过程，孩子的学习成绩也是一系列因素综合作用的结果，涉及智力发育、兴趣爱好、行为习惯、学习方法等方面。家长面对孩子的学业问题，尤其是成绩不理想的状况，要保持足够耐心，持之以恒地帮助孩子培养良好的学习习惯、运用合适的学习方法，而不是靠喊叫甚至武力解决问题。孩子学习成绩的提高离不开正确的教育方式，所以家长应教会孩子正确的学习方法。

在我的小时候，父母总是忙于自己的事，无暇顾及我的学习。这种情况反而培养了我独立思考、自我学习的习惯，高考时我以绝对高分考取了南京大学并获得了入校奖学金。通过总结我的学习过程，我发现学习是一个日积月累的过程，不会一蹴而就，要用正确的思维方式和学习方法，每天做复利累积，最后收获属于自己的优异成绩。

无论是你个人要学习一门知识、一项技能或发展一个兴趣，还是你的孩子要中考、高考，都可以用这套方法学有所成。

1. 要有正确的思维方式：只要学习方法正确，成为学霸并不难

我们出生后会学说话、学走路，从几个月时只会发一些音到开始说简单的词语，再到说完整的句子，最后滔滔不绝地讲话甚至演讲。一个拥有大学学历的外国人来中国参加语言班学中文，中文语法学得不错，但是学了很多年也达不到一个土生土长的中国小孩子的口语水平，这是为什么呢？

答案其实很简单：生长在中国的孩子在生活中必须用中文交流，说中文的时间够长够多。而外国人在中国即使有语言环境，也不可能24小时说中文，他会在部分时间用自己的母语进行交流。但是由于学习了语法，外国人的语法知识会比中国孩子多，所以这反映了两个问题：一是学好一项技能与练习的时间有关系；二是要有目的地练习，要想口语好就练口语，要想语法好就要有针对性地学习语法知识。

当我们学习成绩不好时，并不是因为不够聪明，而是因为学习的时间不够或者没有进行有目的的练习。总结我高考时的学习秘诀，无非就是刷题时间够多，以及把经常错的题汇总后有针对性地反复练习。从理论上来讲，这就是一万小时定律和刻意练习。相信掌握这两个方法以后，成为学霸并不难。

2. 找到适合自己的正确的学习方法：兴趣 + 一万小时定律 + 刻意练习

伟大的科学家爱因斯坦说过："兴趣是最好的老师。"这就是说一个人一旦对某个事物有了浓厚的兴趣，就会主动去求知、去探索、去实践，并在求知、探索、实践中产生愉快的情绪和体验。如果可以选择一门学业，一定要基于自己的兴趣，有了兴趣，自然就会有源源不断的动力。例如，对舞蹈、声乐、乐器感兴趣的孩子可以去考艺术类的附中和大学，喜欢体育的孩子可以去考体校，喜欢文史学科的孩子可以学文科，喜欢物理化学的孩子则可以选择学理科。以兴趣为导向，坚持起来毫不费力。对一门必须学的科目，如语文、数学，孩子如果没有兴趣，那就要想办法去培养他的兴趣，这样学习效果会事半功倍。

学霸不是一年两年养成的，一定是很长时间积累的结果。你可能听说过著名的**“一万小时定律”**：作家格拉德威尔在《异类》一书中指出：“人们眼中的天才之所以卓越非凡，并非天资超人一等，而是付出了持续不断的努力。一万小时的锤炼是任何人从平凡变成超凡的必要条件。”要成为某个领域的专家，需要一万小时，按比例计算就是：如果每天工作八小时，一周工作五天，那么成为一个领域的专家至少需要五年。即使没有听说过这个理论，从小到大你也一定听老师和家长讲过勤能补拙或者熟能生巧。无论你天生资质如何，只要你努力，就一定可以成为某个领域的专家和大师——多数时候的确如此，一万小时的努力总会带来成果。大家可以看看你身边的成功人士，基本符合这个定律。

研究证明，天才的唯一秘诀在于练习。很多人会说，我们一直做题、一直跑步、一直下棋，可是却没有成为学霸、运动健将、象棋高手，这是为什么呢？关键在于练习的方法。**刻意练习**是有目的地练习，有目的地练习就是要有明确的特定目标。例如，跑步就要有针对性地提高速度、耐力和爆发力，否则简单地重复也还是原来的水平；又如，在学习中有一个类型的题目总也做不对，那就要针对这个题型下功夫，可以准备一个改错本，把容易错的题记下来，反复练习，一直练习到不用思索就可以直接解答为止。否则没有针对性地刷题，对的还是对、错的还是错，浪费了时间也没有效果。

3. 在正确的道路上耐心坚持：学校轻松选

学习的过程本身也是个复利积累的过程，最怕的就是不坚持，经常换目标、换跑道。无论是从小立志考国内的大学，还是要出国上大学，只有早早规划出各个阶段的道路，有针对性地上公立学校或者国际学校，我们才能更顺利地升入相应的大学。如果总在两个选择之间犹豫不决，那么最后两头都抓不住。所以，目标越早确立越好。

我认识一个山西偏远县城的孩子，从5岁开始学习古筝，从小立志报考中国的顶尖艺术学府——中央音乐学院，家里人觉得这个梦想对小地方的普通家庭而言太难实现了。但是，他从小学开始每周末都坐火车来北京找中央音乐学院古筝专业的老师上课，后来在高考时轻松地考上了中央音乐学院的古筝专业。从5岁到18岁，13年的时间专注做一件事，在这段时间里足以凭借专业优势和合适渠道考入目标学校。

悦函点睛

- 积累学业复利的要点：
- 学业复利 = 兴趣 + 一万小时定律 + 刻意练习。
- 大道至简，持之以恒地使用这个方法，成为学霸不是梦。

美丽复利：
打造高颜值气质女神

欣赏一个人，始于颜值，敬于才华，合于性格，久于善良，终于人品。这句话，我相信很多人都耳熟能详。“始于颜值”说明颜值真的很重要。人类是视觉动物，我们往往因为被一个人的外表吸引后开始对他感兴趣，才会了解他的才华、性格、善良人品。如果他的外表不讨喜，恐怕就很难有后续了。

上小学的时候，老师似乎更偏爱长得可爱的同学，对他们轻声细语。上大学的时候，长得帅的男生会有女生送小零食和饮料，长得漂亮的女生会有男生帮忙搬东西。他们有很多仰慕者，还受各种社团的欢迎。毕业后找工作，他们也比其他人有更多的录用机会，因为公司都希望有靓丽、有气质的员工代表企业形象。我们还可以看到市场上大部分商品的广告是俊男靓女拍的，电影电视里用的演员大多是长得好看的。好看的外表看着就令人舒服，可以给人带来情绪价值，所以无论是同性还是异性，总是不自觉地去靠近他们。

有人会觉得这不公平，由于自己的外表不够引人注目，自己的善良、努力便没人看得见，只能独自发光。试想，在当今信息爆炸的时代，人的注意力会越来越分散，再加上生活节奏越变越快，如果你的外表不能吸引人，那么更难让别人花时间去了解你的内在。

在生活中，多数人每天的重心放在了工作、家庭上，根本没时间关注自己。即便每天洗脸照镜子，也只是匆匆一瞥而过，更不用说精心打扮自己、健身塑形、美颜养生了。有的职业女性身材发胖，皮肤粗糙毫无光泽，甚至因为压力早早出现白发和脱发，明明年纪不大，却一副精神不振的样子。

其实，一个女人想要征战一番事业，离不开强大的自信心，而女人的自信心最直接的来源就是形象气质上的优势。我们可以通过形象上的改善找到自信，这股自信会产生强大的连锁反应，从事业到情感关系都会给自己强大的安全感。

与其抱怨这个看脸的世界，不如接受事实，提升自己的形象和气质。有的人会说，现在医疗美容那么发达，我干脆一劳永逸，去整容、抽脂，就会变瘦变美了。整容是有风险的，媒体报道的整容失败案例比比皆是：有的人整容失败，甚至为此不敢出门，工作和爱情都没了；有的人甚至付出了生命的代价。即使整容成功了，也会失去自己的特点，心里未必好受。

要想变美，我们可以通过一套方法，让自己的外在形象每天提升一点，通过复利积累，打造高颜值气质女神。

1. 要有正确的思维方式：美丽的外表和优雅的气质需要日积月累打造维护

我们经常听到，女人的容貌 30 岁之前是父母给的，30

岁之后是靠自己修炼的。其实，无论 30 岁前还是 30 岁后，相貌都要靠自己每天保养和护理。我们羡慕的不老女神们每天都要在皮肤保养、身材保持、穿衣搭配上花很多的精力、时间和金钱。天下没有丑女人，只有懒女人，只要每天多付出一点，你也一定会有靓丽自信的容颜。

2. 找到打造高颜值的方法：健美的体型和健康的外形是关键

有句话叫“一白遮百丑，一胖毁所有”，说的是只要你肤色白皙，其他长相上的不足就可以被遮盖；你长得再好看、衣服穿得再光鲜，如果体型很胖，容貌的优点也会被忽视。有的姑娘年纪轻轻，生活习惯不好，熬夜、打游戏、刷剧、暴饮暴食，经常吃薯片、方便面、辣条这些垃圾食品。不良的作息和饮食导致了皮肤暗沉、粗糙、长斑，眼神黯淡，还会出现眼袋和黑眼圈，体重也不受控制。在青春该绽放的年纪，却没能展现自己最美的一面，真的很可惜。

健身变精瘦就是最神奇的“整形”。我们看到的影视明星大多很苗条，虽然我们大多数人并不是影视明星，不需要频繁出镜，但是要想五官清秀、着装好看，身上就不能有赘肉。

很多女孩子喜欢的男明星是彭于晏，觉得他又帅又健美，然而他小时候却是个小胖子，眼睛小、肚子大，和现在把体脂减下来的他简直判若两人。由于脸上的脂肪变少，他的眼睛大了、鼻梁高了、下巴也有清晰的轮廓了；他的身材也因为锻炼而显得健美挺拔了。这一切都得益于他通过健身减少了体脂。

所以，我们不需要去医疗美容机构也可以获得很大的改变，只要控制饮食、坚持健身，身上多余的赘肉和体脂就会减少，容貌、身材和体态就会发生神奇的变化，我们的身体也会更加健康。

健康的外形让你焕然一新。中国人以白为美，所以才有了“一白遮百丑”的说法。皮肤白实际上是皮肤透亮、干净的代名词，也是一种健康的状态。实际上，每个人的肌肤颜色有深有浅，如一个小麦色肌肤的姑娘，如果她的皮肤健康富有弹性、光泽亮丽，也是很美的。有时候我们说一个人外表靓丽、神采奕奕，其实是说她的皮肤饱满有弹性、眼睛明亮发光、头发茂密有光泽，还有一举一动里带出的精气神。这些都和健康的体质相关。

要想做到这些，我们平常就要有良好的作息，早睡早起，睡美容觉；健康饮食，多吃水果蔬菜，减少油腻食品的摄入；控制抽烟喝酒，多做运动。同时，要注意防晒，因为紫外线会对我们的皮肤造成很大的伤害，导致皱纹的形成，所以做好防晒十分重要。

3. 在正确的道路上耐心坚持：美丽不会一蹴而就

有人会说，以上的这些道理和方法我都懂，健康的饮食作息习惯，保持一两天还行，要想天天这么做真的很难。无论是健美的身材，还是靓丽的容貌，都是经过长期维持保养得到的。只要每天提升一点，根据复利公式，365 天下来的累积成果会很惊人。我们可以制订一个计划，并在计划的表格上记录作息、饮食、体重和运动情况。起初，你可能很难坚持，忍不住要吃薯片或熬夜。这些都是正常的，要允许改变开始的时候出现间断的情况，毕竟习惯的形成需要一个过程。我们可以分析自己为什么会多吃，如因为无聊；为什么会过量饮酒，如因为高兴；为什么会缺乏运动，如因为懒惰。在找到原因后，我们可以换一种方法：无聊时可以找人聊聊天或者参加一些活动来代替暴饮暴食；高兴时可以约朋友一起去唱歌、跳舞，既表达了开心，又锻炼了身体；自己一个人懒得运动时，可以找一个运动打卡群，和小伙伴们互相鼓励、互相监督。这样日积月累，你就可以做得越来越好。

悦函点睛

▶ 积累美丽复利的要点：我们无法改变社会对美的喜爱，但是我们可以通过健康的生活作息和饮食、运动习惯来健美自己的身材，改善自己的外表。每天提升一点，一段时间后，形象一定会有很大的改变。同时，我们也可以学习服装穿搭、学习化妆，并通过多读书使自己变得更美、气质更高雅。

本章要点复盘

财富的复利积累中：要确信自己能够拥有财富，避免盲目的勤奋和无用的吃苦。顺应趋势和风口，做自己喜欢和擅长的事情，并且在正确的“雪道”上耐心滚大“雪球”。

事业的复利积累中：要有正确的思维方式，做一个有事业的女人，靠自己的实力拥有掌控人生的资本。找到适合自己的正确的道路，做自己最热爱、最有激情的事，耐心坚持，不要总是换行业。

人缘的复利积累中：人际关系是可以打造的。首先我们要自信、真诚，其次我们一定要为他人创造价值。这样就可以结交更多的朋友，人际关系就是这样一步一步积累的。

行动的复利累积中：要把持续行动和快乐联系起来，不行动是最大的风险。可以找一个榜样来模仿，并且给自己打造一个环境、一个场，和很多目标一致的小伙伴互相监督、互相鼓励。持续行动的复利会形成习惯，会越来越轻松，最终让人战胜平庸的生活，过上精彩的生活。

➤ 情感的复利积累中：要正确认识单身的原因是认识的异性太少，需要扩大社交圈。制订适合自己的脱单计划，根据你的爱好、时间、精力来设定有效联系人的数量，主动学习恋爱技巧和经营情感的方法。随着时间的推移和复利的累积，你也一定会找到自己的真命天子。

➤ 学业的复利积累中：应相信只要学习方法正确，所有人都可以成为专家。正确的学习方法就是：兴趣＋一万小时定律＋刻意练习。只要你持之以恒地坚持，不要总是换跑道，就一定会考上理想的学校。

➤ 美丽的复利积累中：要认识到一个人的形象和气质的重要性，美丽的外表和好的气质需要打造维护。只要保持良好的习惯，日积月累，你就会成为高颜值女神。

第五章

认识理财，学会投资

财务自由，
你到了几段？

我们生活中可以看到一些人，他们不用为了生计而终日奔波，只做自己觉得有乐趣的工作，好像有花不完的钱。他们有很宽裕的时间，经常去世界各地旅游或者陪伴家人。这种不用为了生计而劳碌工作的状态真的很让人羡慕，我们把这种状态叫作 **财务自由** ，这是很多人都想拥有的生活状态。

财务自由是指无须为生活开销而努力工作的状态。简单地说，一个人的资产所产生的被动收入要等于或超过他的日常支出，如果进入了这种状态，就可以认为他实现了财务自由。

被动收入

被动收入是指不需要自己主动劳动而能得到的收入，也有人称被动收入为“睡后收入”，指的是你睡一觉醒来，账面就已经有了收入。例如，你是一个房东，每年都有固定的房租收入；或者你持有一家优质公司的股票，每年都有股息分红，股价还会因为公司的发展而不断上涨；又或者你是畅销书作家或流行音乐家，随着你的书一次次被重印或者音乐被一遍遍播放使用，你都可以获得持续的收益。这些都属于“睡后收入”。

支出

支出是指你的所有开销。

大家都希望获得财务自由，但是怎样才是真正实现财务自由呢？由于每个人的标准不一样，答案也不尽相同。下面，我们从最基本的生活需求开始，把实现财务自由分为以下几个阶段。

1. 吃饭自由

我们想吃什么就吃什么，去菜场想买什么都买得起，也可以去饭店点我们最爱吃的菜，不在乎花了多少钱。

2. 穿衣自由

无论是国际大牌还是私人定制，只要喜欢、舒适、合体，我们不用考虑多少钱，想怎么买就怎么买。

3. 旅游自由

不管是国内游还是国外游，我们想去哪里就去哪里，不用看旅游线路的价格。

4. 购车自由

不管是国产的还是进口的，烧汽油的还是使用新能源的；不管是跑车、轿车还是越野车，只要能享受驾驶乐趣的、舒适的代步工具，都可以随意挑选。

5. 医疗自由

不管是国际医院、私立医院还是公立医院，我们可以随意选择。只要有利于治病，不计较医疗费用的高低。

6. 择校自由

想读私立学校就读私立学校，想读公立学校就可以按照政策规定读公立学校。

7. 住房自由

想买哪里的房子就买哪里的，靠海、傍山或者位于市中心的都可以；想住别墅就住别墅，想住高档公寓就住高档公寓。

8. 工作自由

只为兴趣而工作，不计较是否能赚钱。想工作就工作，不工作也有被动收入。

9. 时间自由

想工作多久就工作多久，不想工作就倾心于自己的兴趣爱好，如琴棋书画、体育运动、收藏等，甚至可以把大量的时间投入公益事业中。

10. 支配财富自由

除了上述情况，还可以把钱投资入股到自己看好的公司，作为股东参与公司的运营事务；也可以把钱用来做公益、做捐赠，帮助需要帮助的人，救助濒危动物或者改善地球环境。

大家可以对照一下，看看自己到了哪个阶段，又想向哪个阶段努力。我们的财务自由程度越高，选择权就越大。换句话来说，实现财务自由后，我们就更有能力在自己喜欢的事情上投入相当的时间、精力和财力。

需要注意的一点是：财务自由是为了给自己生活带来更大的自由，为了提高生活质量。有时虽然财务自由了，思想却还没有达到自由，这个是需要觉察的。以我自己为例，我虽然早已经实现衣食住行方面的财务自由，但是有时候买东西还会有限制性的思想。有一次，我在一个进口超市里拿了一盒樱桃，想着晚上一边追剧一边吃，感觉一定很棒。到了付款台才发现一小盒樱桃二十几颗居然要 158 元，当时我第一反应就是这也太贵了。但是看到后面有很多排队的人，我又不好意思说退掉，只能硬着头皮把它放到袋子里。后来我吃了这盒樱桃，非常好吃。其实这盒樱桃我吃得起，可是当时潜意识里的第一反应是我不应该买，反省后觉得这不是没有实现“车厘子自由”了么？看来虽然财务自由了，我的思想还没有自由。所以，我也时刻提醒自己，赚钱是为了让生活更美好、更有价值。

财务自由也是可以用数据来衡量的。例如，对于三四线城市的人们来说，那里的房价不高，医疗、教育等成本也不高，有 500 万元就可以达到较高层次的财务自由了。但是，对于在北京、上海、广州、深圳等一线城市工作和生活的人们来说，500 万元恐怕只能实现吃饭、穿衣、旅游等较基础的财务自由。所以，一线城市的人们实现财务自由的财务数据明显要高得多。当然，在一线城市工作也会给人们带来更多实现财务自由的机会。

实现财务自由取决于两个因素：**被动收入和支出**。我们一方面要开源，即增加被动收入；另一方面也要节流，即规划支出。比如你是一个房东，你有一个物业出租，每年的房租收入有 20 万元，如果你的支出每年保持在 20 万元以内，你就是财务自由的；如果你的支出超出了你的房租收入，你就不是财务自由的了。但是，如果你又增加了一个物业，多了一份房租收入，现在你每年的房租收入变成了 40 万元，随着你的房租收入增长，你就可以调高支出到 40 万元，这样你还是财务自由的。

有人会问，我虽然收入不多，但是我节省开支是不是也可以实现财务自由呢？例如，我在衣食住行上做到最省，把钱都存起来。在日常生活中，勤俭一直是我们尊重的个人品质，但如果盲目地缩减支出而不在开源上想办法，限制了自己的合理消费，那么人生就没有幸福感可言，更谈不上自由了。我们一方面可以节制一些不必要的、超出目前收入水平的支出，另一方面要把重点放在增加被动收入上。

本章将重点介绍如何通过投资理财的方式获取被动收入，以及怎样通过投资自己的方式实现财务自由。

致富到底靠投资还是靠理财?

经常有人跟我说："黄老师，我之前读了很多投资理财的书，这些书讲了怎样存钱，怎样使用信用卡省钱，怎样买黄金、买保险，我按照书中教的方法做了十多年的理财，也没有实现财务自由；但是我的朋友没有买保险、买银行的理财产品，却因为在十几年前房价还不高的时候在一线城市买房实现了财务自由。理财是发不了财的，我就不应该做理财，应该早早地向您学习提高财商、学习做投资，那样我也早就实现财务自由了。"

如果十几年前在一线城市投资房产，的确可以获得高额回报。所以问题来了：**要想实现财富增长，真的不能靠理财吗?**

前面的章节我们讲了趋势和风口，如果在风口上把握机会，我们就会很轻松地实现财务自由。从近 20 年的趋势和风口可以看出：有些人是因为加入高速发展的互联网公司而获得公司的股权，从而获取了财富；也有些人是因为进入电商、直播、短视频和知识付费行业的创业队伍而站在了风口上；还有些人是因为在适当的时间投资了房地产和股市而实现了财务自由。我个人就是因为很早就关注并投资了 A 股市场，把股市的丰厚收益又拿出来投资房地产市场，从而实现了财务自由。确实很少有人是因为储蓄、买保险、买银行理财产品等理财方式而获得财务自由的，那么投资和理财是什么关系呢？

狭义上的投资是理财的一部分，广义上的投资超越理财。

投资房产股票和理财并不矛盾，投资也是**理财**的一种方式。

理财指的是对财务（财产和债务）进行管理，以实现财务的保值、增值为目的。

可见，让财富增值的行为，如购置投资房产，本身就是理财行为的一种。

经济方面的投资

经济方面的投资是指为了在未来可预见的时期内获得收益或资金增值，在一定时期内向一定领域投放足够数额的资金或实物的货币等价物的经济行为。

广义上的投资不一定指投入金钱去买房、买证券，也可以是为了获得未来的收益或者达到一定的目标而投入时间、精力和情感。例如，我们从风口中可以看到，有些人在高速发展的高科技互联网企业或新媒体平台上投入大量的时间和精力，从而和这个企业或者行业共同高速成长，收获了属于自己的事业成果。

正确的投资可以让我们的财富和事业随着时间的推移获得复利积累的回报，**所以投资偏重于让我们创造财富**，理财则更偏重于合理安排收入支出，做好财务规划、考虑风险偏好程度等多方面因素，平衡收益率和风险，优化投资组合。我在本书中所讲的**财商就是指我们创造和管理财富的能力，既包括在经济方面投资理财的能力，也包括把时间和精力投资在某个事业或某个行业，从而随着它的高速发展而创造出财富的能力。**

知名企业家格力空调的董明珠说："穷人不要攒钱，要攒机会，一次机会够你吃三辈子了。"可见，通过攒钱、规划收入支出可以让财富稳步增值，但是实现财务自由可能性极低。只有抓住机会，全身心地投入不同机会的"雪道"中并不断积累，才会收获自己的巨无霸"雪球"。

悦函点睛

▶ 要想获得财务自由，一定要重视投资，经济方面的投资本身就是理财的一部分。我们通过理财做收支规划，可以让自己理性支出，为创业和投资积累本金。同时，我们还要投资自我，提高自己的认知，把握经济周期，了解在风口上的行业和领域，寻找机会跟上大趋势。

普通人怎样才能拥有被动收入

2020 年 1 月底，新冠肺炎疫情暴发。在北京，虽然 2 月 10 日就开始复工了，但是很多的培训、餐饮、健身房等服务性行业还是不能营业。这些企业的经营者因为要担负房租、水电费、员工工资等各项支出，急得就像热锅上的蚂蚁。一些企业因为资金链断裂而经营困难，不得不裁员或者倒闭，因此一些员工失业了。

小文是一个线下培训机构的市场总监，她所在的公司因为撑不下去而关门了，她也就没有了固定收入。虽然她已经在北京工作了七八年，但是因为没有投资理财，所以她的积蓄也不多，比月光族也好不了多少。小文只能一再缩减自己的生活支出，眼看着马上又要付下季度的房租了，她每天都发愁。

小文的房东李姐是一位知性的女士，在了解到小文的困境后，主动提出可以延缓交房租，等到小文找到工作以后再交。李姐在金融行业工作，投资意识很强，2008 年时就以较低价格在北京的西三环附近购置了多套住宅和商铺作为投资。商铺租给了国有银行，住宅租给了公司的高级白领，收入稳定。李姐有两个孩子，都已经上学，支出也不少。但是疫情之下，她的房租收入稳定，即使小文晚交房租影响也不大。

像李姐一样拥有被动收入是一种怎样的体验？

当辞掉不喜欢的工作时，你的钱在增值；当和爱人去环游世界时，你的钱在增值；当把孩子送进私立学校时，你的钱仍然在增值。

今天花出去的钱，明天在账面又有了，自己活得潇洒轻盈，家庭也有抗风险能力！

那么，像小文那样没有“睡后收入”又会是怎样呢？

当失去现在的工作后，没有了经济来源；当有意外来临或生病住院后，没有了生活保障；当想带家人旅游时，却没有假期。

没有被动收入的人虽然表面上有份体面的工作，但实际上内心焦虑，即使每月工资有上万元，也会毫无安全感，因为一旦停止了工作，就没有了其他的收入来源。如果不是遇到像李姐这样的好房东，小文恐怕就要流落街头了。

那些有被动收入的人的人生和心态跟没有被动收入的人的人生和心态不一样，前者内心淡定有底儿，因为他们实际就很富有；他们不用担心丢了工作要怎么生活，不用因为工资高而选择一份自己不喜欢的工作，他们更多的是利用钱生钱，然后去做自己喜欢的事情，而不是让自己为钱打工。

怎样拥有被动收入

看到这里，很多人会毫不犹豫地选择去做有被动收入的人吧。那我们先来检查一下自己有没有被动收入。有人说，我税后就没什么收入了，更别提被动收入了；也有人说，每天一觉醒来又还房贷又还信用卡的，被动收入没有，“睡后债务”倒是不少；还有人说，我的被动收入就是每天余额宝里的收益。

在没学习投资理财、通过复利积累你的财富前，大多数人确实没有被动收入。本章中会总结几种安全且简单易行的增加被动收入的投资理财方法。按照这些方法做，你也会有被动收入。

“财务自由 = 被动收入 – 支出”，我们通过理财做收支规划，可以让自己理性支出，为创业和投资积累本金。本章重点介绍的“睡后收入”主要涉及房地产买卖与投资，股票和基金投资，以及个人品牌的投资。

· 房产的买卖与投资

提到被动收入，我们首先想到的还是买房和出租房屋。经常听说某某在零几年房价便宜的时候，在北京买了几套房，现在每年靠租金都能收入上百万元，不用工作，生活很有安全感，经济独立有底气，不怕丢了工作，也不怕生活支出太大。

国家提倡房住不炒，炒房是指一些投机客借着房价攀升囤积房源，利用各种媒体宣传怂恿大家买房，增加购房需求，进一步提升房价，短期内转手获利。这种投机行为扰乱了市场秩序，是国家禁止的。而在适当的时机购买物业自己居住或者用于出租，长期持有，随着经济增长享有房屋溢价的红利和租金收入，是一种正常的投资行为。

房子，尤其是一线城市房产，是目前普通人所能驾驭的抵抗通货膨胀的最好方式。近20年来，房地产价格涨得很快，从前几年开始，房地产的黄金时代已然落幕，之前疯狂的增长速度可能不会再见。但是，中国仍处于城市化进程中，在大都市圈的趋势下，未来仍旧有几亿人口涌入一、二线城市或环一线区域，这些地方长期看还将有白银时代的红利。

在中国，很多家庭会把自己的大部分积蓄用来买房，所以买房对每个人来说都是一件需要慎重决定的人生大事。后文我们将分析你的情况是否适合买房，何时是买房的最佳时机，以及买什么样的房子才能增值保值、给你带来稳妥的被动收入。

如果你刚刚毕业、积蓄不多、经济条件暂时不足以用来买房，你可以考虑其他方法。不要为了买房而买房，早早地当上房奴而背负上贷款，绑住了你前进的步伐。你可以暂时租房，把积蓄用于做其他领域的投资，如基金定投；也可以用来自我投资，如参加培训、提升自我，从而清楚地判断大趋势，投身于朝阳产业，让自己在风口中发展，获得更大的经济收益。等条件成熟后再进行买房投资，收获被动收入。

· 股票和基金投资

很多人会想从股市里赚取自己的第一桶金，然而大多数人却会赔钱，本章的“为什么你买股票总是赔钱”部分会揭示影响股票价格的因素，告诉投资者可能会踩到的“雷”。目前，中国股市估值低、盈利能力好，全球资金都看好，对投资者来说机会多多。

如果你不是专业人士，在没有时间研究股市、不能精准把握进入市场的低点的情况下，可以用股票指数基金定投的方法安全地投资。在“人人都能做的稳赚不赔的投资：基金定投”部分，你将会了解什么是基金定投和如何做基金定投。在“怎样投资大家都在谈论的 ETF”部分，你可以学到如何投资 ETF（Exchange Traded Fund，交易型开放式指数基金），跑赢大多数的基金经理。

· 个人品牌的投资

个人品牌可能会获得远远超过投资房产和股票基金的被动收入。

喜欢做内容创作的同学，完全可以把时间、精力投入创作领域，如尝试写作、研发网络课程、开发短视频、创作音乐作品等。最终你将会拥有属于你自己的作品版权，实现被动收入。

悦函点睛

▶ 有没有被动收入会决定你的财务自由度和生活状态。如果你不甘于每天都被起床、上班、付账的生活所控制，想要享受更自由的人生和更有安全感的生活，那么就开始思考怎么增加自己的被动收入吧！

究竟该不该买房子？
该买什么样的房子？

房源网站“贝壳找房”发布的《2019 年女性安居报告》显示，2016—2018 年，女性购房者在所有购房者中的占比从约 5% 上升至近 47%。在一线城市购房的 30~50 岁购房人群中，男女占比分别为 51.6% 和 48.4%，几乎持平。近年来，都市女性购房率大幅增长，而且大部分女性是凭自己的能力购买，这也反映出近年中国女性的经济独立意识增强、经济发展能力上升。

对于为什么买房，大多数女性购房者在受访时说的最多的就是有安全感。不管是企业高管，还是销售人员，不管年薪百万元，还是月入数千元，她们都提到，曾经历过无房带来的漂泊无力感，希望有房子安顿下来，获得更强的安全感，从而更专心地工作。由此可见，房子在一定程度上缓解了人们心中的焦虑。对于已婚女性，拥有婚前购买的房子意味着家庭地位和尊严。当然，也有人买房以后用于出租收取租金，获得稳妥的被动收入。

确实，近 20 年来，中国各大城市的房价一路上涨。一方面，人口红利和农村人口城镇化是房地产行业迅速发展的重要原因，房地产行业关乎国计民生；另一方面，在中国人的传统观念中，上学、工作、落户、结婚、生子都与房子息息相关，房子是必需品，对没有房子的人来说更是刚性需求。

同时，近 20 年来，国家多次出台房地产调控政策来挤出房地产泡沫，使房地产行业发展得更加稳健。但是面对当前房地产市场的波动，很多人心中充满焦虑：房子会不会暴跌？我究竟该不该买房子？买哪里的房好？房产是否还有投资价值？我是不是该卖房？面对如此纠结的问题，我来给大家逐一解答。

到底该买房住还是租房住

"房子是用来住的，而不是用来炒的"，如果你两三年就要换工作地点、换城市，那么租房是比较好的选择。当我们有了一定的积蓄，而又恰好处于租房绰绰有余、买房有点费力的尴尬阶段时，我们该如何选择呢？从算经济角度考虑，如果你付 30 年的租金，房子仍是别人的；如果交 30 年的按揭贷款，将拥有一套属于自己的房子。当两者花费的金额相等或者接近时，相信绝大多数人的选择是后者。如果我们所购房子的产权是 70 年，在交完 30 年的按揭贷款后，我们还可以多拿到 40 年的产权。况且，我们若选择在房屋升值的情况下出售，这 30 年里还会有溢价。

当然，如果你有更好、更稳妥的投资渠道，可以让你每年闲置资金的收益率远远高于买房的收益，你也可以选择先租房。

对刚性需求者来说，现在是买房的时机吗？

目前国内房价的确有所波动，但如果是刚性需求（简称刚需），如因为结婚或者孩子上学，有购入房产的迫切需求，那么就不要考虑短期价格的波动，毕竟自住的价值还包括舒适度、安全感和自信心，这些都不是简单用钱来衡量的。

买哪里的房子可以增值保值？

房地产的投资属性逐渐被削弱，房子像过去 20 年里那样疯涨的机会可能不会再有了。但是，如果土地拍卖价格持续上涨，建材和建筑人工成本等也持续上涨，那么房子价格也会随之上涨，它是可以作为抵御通货膨胀的资产增值、保值的。

如果 10 年后别人家的房子价格上涨了，而你的房子的价格还在“原地不动”，甚至出现了价格下跌，那你就郁闷了。买哪里的房可以保值升值呢？首先要提到的就是一线城市。例如，北京、上海、广州、深圳既有优惠的经济政策支持，也有很好的商业配套、医疗和教育资源，吸引着世界各地的大型企业和高端人才，还有源源不断的人口涌入，这样城市的房价一定会上涨。

如果你不是在一线城市生活，可以参考以下几个要点来考察是否购买房产。

· 考察你想购买房产的所在地区在未来几年内是否有大的规划。例如，近年来北京市通州区正式升级为北京市行政副中心，这必将带动当地房价升值。

· 考察你想购买的房产周边未来是否有大量人口流入。我国还处于城市化的进程中，大量农村人口还在继续涌入城市，他们首选的应该是有丰富的教育、文化资源，完美的医疗配套并能提供大量就业机会的一线城市，如北京、上海、广州、深圳。另外，各大省会城市（如杭州、南京、成都等）也是人口涌入的重点城市。还有一些新兴的城市，如在新建的国际机场旁和有大学城的城市，这些城市大多在一线城市附近，到达一线城市非常便利，也具有很大的升值潜力。

· 考察你想购买的房产周边有没有不可替代的医疗和教育资源。2020 年的新冠肺炎疫情也让更多人了解到二三线城市的医疗资源和一线城市相比存在差距。在人口老龄化的趋势下，有良好医疗配套的城市的房价一定会上升。

· 考察房产所处的地区是否有独特的资源。例如，美国加利福尼亚州洛杉矶市气候宜人、阳光充足，许多著名的电影公司设立于此，这里的房价是美国房价较高的地区之一。美国旧金山市因有金矿而吸引了大量淘金者，城市人口因此增多，城市得到开发和发展。旧金山市南部的硅谷，则是高科技公司云集的地区。因此，旧金山和硅谷附近的房价都高得惊人。

房地产是否还有投资价值？什么样的房子越早卖越好？

房地产行业与宏观经济形势密切相关。过去 20 年，房地产行业为我国城市化建设和满足人们居住需求做出了巨大贡献。房地产行业涉及的产业链较长，对 GDP 的拉动效果明显。从国家十几年来的调控政策中可以看到，调控的目的是减少房价上涨过快而产生房地产泡沫、控制金融风险，调控后房价会回归其真正的市场价值。所以，如果出于对房产价值的担忧而考虑卖房，是完全没有必要的。但是在未来，房地产的投资属性将被逐步弱化，房价疯涨也不太可能了，“炒房”也会受到限制。

如果你所在的城市经济衰退或支柱产业处于衰退周期，每年有大量的人失业，导致人口涌出，这样的话越早卖房越好。例如，美国的汽车城底特律，因为汽车业竞争力的下降而不能应对新技术的冲击，这座曾经风光无限的汽车城在 2013 年宣告破产。这导致底特律的房价直线下跌，有的房子只要 1 万美元一套，让人惋惜感慨。

悦函点睛

▶ 对于大多数人而言，我们一生的大部分收入可能会花在买房或者租房上，我们一定要多花时间弄懂买房和租房的逻辑，以防造成大的损失。买房也能满足我们更多的心理需求，给人带来安全感，让女性更独立。如果不自住，有房屋出租也可以给自己带来被动收入。2020 年房价已经平稳，也是个买房的好时机，有一定积蓄并有购房刚性需求的人，不妨按照上文的建议来挑选自己温暖的家或者做出人生重要的投资选择。

为什么你买股票总是赔钱

2020 年年初，新冠肺炎病毒疫情在全球暴发。最初中国股市先受到影响，随后就是国际股市。2020 年 3 月 9 日，美国股市大跌，三大股指暴跌超过 7%，触发了“熔断”机制，交易被暂停 15 分钟，两周内共熔断 4 次。美股历史上总共才熔断了 5 次，我们就见到了 4 次，很多小伙伴直呼见证了历史。随着疫情的发展，欧美股市继续下跌，加剧了 A 股的波动。跟随着指数的上涨下跌，股民们情绪波动也很大，一会感觉天要塌下来了，一会又感觉牛市来了。

在这时如果跟随自己的情绪去频繁买卖，肯定是追涨杀跌，涨的时候恨不得全仓追进去，然后第二天又跌了；跌的时候看着账面亏损头脑又一片空白、慌张地清仓；结果发现，第二天又上涨了。这样反复操作几轮下来，心态全坏了不说，就连本金都亏没了。

盛传股市里有一个铁律，即“一赚二平七亏”，说的是10个股民中有1个人赚、2个人持平、7个人亏损。由此可见，在股市中赚到钱并非易事。影响**股票价格的五个因素**如下。

· 股市的牛熊周期

从A股过去28年的历史来看，一共经历过四轮牛市，牛市的高点分别出现在1993年2月、2001年6月、2007年10月、2015年6月，间距分别为96个月、77个月、92个月，平均为88.3个月，即7.5年左右一个牛熊轮回周期。在股市中，技术操作远远没有趋势重要。处于上升周期时，股票价格会上涨；处于下降周期时，泥沙俱下，即便公司的价值很高，股票价格也会打折。

· 经济因素

主要的经济因素包括经济周期、国家的货币政策、国家的财政状况、金融环境、国际收支状况和国家汇率的调整等，都将影响股价的沉浮。以货币政策为例，在降息周期中，宽松的货币政策下就会有资本流动到股市，股价就会上涨。

· 行业因素

行业因素主要包括行业在国民经济中地位的变化、发展前景和发展潜力，新兴行业带来的冲击，以及上市公司在行业中所处的位置、经营业绩和状况等。

行业发展向好时，股价也会上涨。例如，过去二十几年房地产高速发展，房地产龙头股万科 A 在 1991 年上市，当天开盘价格为 14.58 元，一直到了 2018 年 1 月 24 日的最高点，复权价格为 5931.99，涨了 400 多倍。就算当时只买入 1000 股，现在也早就财务自由了。后来，互联网行业高速发展，开发 QQ 和微信的腾讯公司于 2004 年 6 月 16 日在我国香港上市，腾讯控股上市当天的收盘价为每股 4.15 港元，历史最低价为 2004 年 7 月 26 日的每股 3.375 港元，在上市以后的 16 年里，公司股价一路飙升，到 2020 年 7 月 9 日后复权价格创历史新高，达到每股 2843.12 港元，是上市当天收盘价格的 685 倍。

· 公司自身因素

股票自身价值是决定股价最基本的因素，而这主要取决于发行公司的经营业绩、资信水平，以及连带而来的股息红利派发状况、发展前景、股票预期收益水平等。有的公司业绩造假、业绩暴雷，股价就会下跌。

· 市场因素

投资者的动向、大户的意向和做庄操纵，以及公司间的合作或相互持股、投机者的套利行为、市场的供求关系和市场非理性炒作等，都是不容忽视的市场因素。例如，新冠肺炎病毒暴发期间，有传闻双黄连可以预防病毒，双黄连概念股哈药集团就出现暴涨，在辟谣以后股价又暴跌回落。

看到这里，大家一定会深深认识到，影响股价的因素如此之多，投资股市真的需要付出很多时间和精力，有时一不小心就会“踩雷”，被套在高高的山岗上。另外，股价的震荡引发情绪波动后造成非理性操作，难怪买股票总是赚少赔多。

· 全球资金都看好的中国股市，机会多多

2020 年年初，美国股市 4 次熔断，不到一个月的时间，全球绝大多数国家的股市下跌了 20%~35%。按照西方国家“连续下跌超过 20% 视为股灾”的标准，这次，全球实实在在地发生股灾了。

A 股日线形态依然是在做箱体震荡，受外围波动影响较小，A 股从此走势独立。为什么 A 股这次如此能扛？因为不仅中国的疫情已经得到有效控制，而且不到 3000 点的中国股市处于全球股估值洼地，中国股市成为全球最值得配置的资产。

2020 年 3 月 1 日，历经多次修订审议的新版《中华人民共和国证券法》正式实施，标志着中国资本市场发展进入了新的历史阶段，同时也为中国资本市场全面深化改革提供了坚强的法治保障。我们深信市场经济的理念已经在中国扎根，新一届中央领导集体展现了推动改革的勇气和决心。相信随着证券市场的进一步规范化，我国股市会成为一个稳健而有活力的资本市场，也会成为中小投资者很好的投资渠道。“股神”沃伦·巴菲特近年来也对中国市场表现出很大的兴趣，声称伯克希尔·哈撒韦公司未来15年内会在中国市场做一些大的部署。

中国股市的投资机会那么多，甚至未来还可能成为全球资金的避风港，但是股市风险大、个股容易“暴雷”，决定股价的因素又多，对散户来说操作还要有一定的要求。即使能够独具慧眼买入了像万科、腾讯科技、贵州茅台这样的好股票，但是一直长期持有的概率太小了。那么，怎样才能把握中国股市向上发展的这个风口，从而获得投资收益呢？下文将介绍一种相对来说稳赚不赔的股市投资方法——股票（指数）基金定投。

人人都能做的投资：基金定投

在2019年出版的《高财商——轻松实现财务自由的思考力和行动力》一书中，我分析了经济周期，并且强调2019年将开始出现资产价格的低点。在线上和线下课程中，我也一直建议大家买入基金，尤其是创业板的指数基金。以我个人投资的创业板指数基金“创50（159949）”为例，2019年年初它的价格在 0.4 元左右徘徊，2020 年 8 月 4 日创出了 1.161 元的新高。如果于 2019 年年初买入并坚持持有，截止到 2020 年 8 月，资产就已经翻了一倍多了。如果做基金定投，也会有不菲的收益。

本部分给大家介绍一个省时省力的投资方法——基金定投。如果你没有大笔的资金投入，但每月的生活费有一定余额可用作投资，同时你的工作特别忙，基金定投会是一个很好的选择。如果你的证券投资总是亏损，也可以学习使用这种简单的投资方法。只要你把握了它的要领，就可以做到稳赚不赔。

基金一般是指为了某种特定目的而设立的一定数量的资金，这些资金可用于投资赚取利润。定投就是定期投资的简称。基金定投是指每个月（如发工资的当天）以固定的金额（如 1000 元）买入看好的基金，不用自己去做择时操作，并且长期投资。在所有的投资里会有高点、低点和平常的价格，长期来看，这样会平摊你的成本，在一次上涨中获得足够的收益。我们做基金定投前要规划好，用于定投的钱一定是闲置资金，是不需要提取的钱。总结起来就是要定期、定额，并且要有持续性。

定投买什么基金好呢？

我们平常会在各种公众号里看到很多推荐基金的文章，有些是证券公司推荐代销的基金，有些大 V 和基金公司合作进行一些基金的推广，这些文章都有自己营销的主题，他们推荐的基金也不一定适合大家。所以，大家在定投时一定要有自己的判断，找一些中立的不带营销性质的书和文章来看，免得被误导。

我们可以选择股票基金或者偏股类的混合基金来做定投，这些基金会将比较大的比例用来投资股票市场，波动幅度大，投资回报率会比较高。按投资方式，股票基金可分为**主动管理型基金**和**被动跟踪型基金**两类，主动管理型基金就是由基金经理管理的基金，指数基金基本上属于被动跟踪方式。

如果你想投资主动管理型基金，那么你一定要对准备投资的基金公司和基金管理者非常信任，相信他能够帮你管理好资产，跑赢大盘。但是这种可能性很小，市场上好的基金经理不多，而且基金经理也会经常换人，直接会影响基金收益。所以，我个人更倾向于指数基金的定投。

指数基金

指数基金是指以特定指数（如上证50指数、沪深300指数、标准普尔500指数、纳斯达克100指数、日经225指数等）为标的指数，并以该指数的成分股为投资对象，通过购买该指数的全部或部分成分股构建投资组合，以追踪标的指数表现的基金产品。简单说就是跟踪指数，以取得与指数大致相同的收益率。

下面我们以上证指数来举例。

微笑曲线，我们只做右半边

证券公司的工作人员通常会给你介绍定投的微笑曲线。如果股市在一段时间内，呈现一波先下跌再回升的走势，对于定投而言，就构成了微笑曲线（图 1）。在这个过程中，如果你能坚持定投，那么就意味着你在市场下跌时拣了很多“便宜货”，有效地摊薄了投资成本；一旦市场好转，你的定投账户也就很快扭亏为盈了。

虽然我非常不建议这么做，但是即使你从股指最高点跌落的时候开始做定投，即使两年后股指只涨回来一半，你也还是可以获得不错的投资回报率。我们来看一下这个神奇的成功案例。

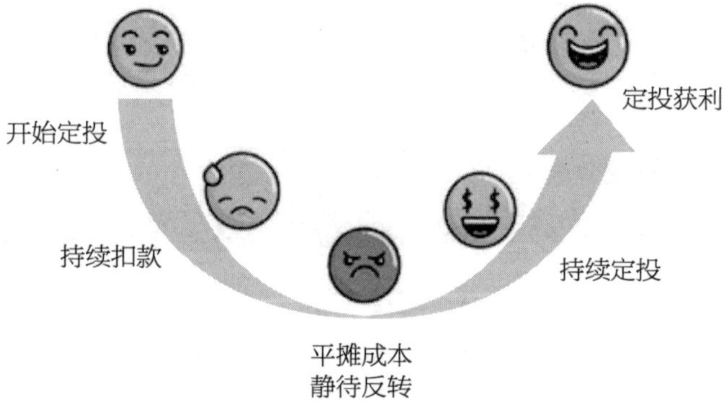

图 1　微笑曲线

如果我们将上证指数模拟成基金，假设从 2007 年开始定投这只上证指数基金，那么到 2009 年就构成了一次神奇的微笑曲线（图 2）。

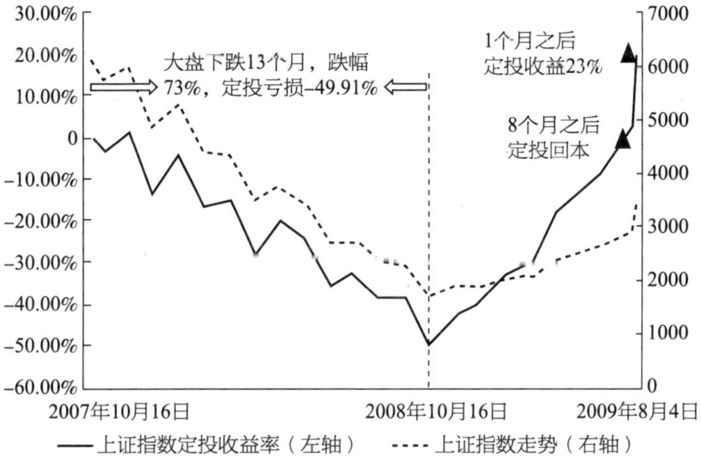

图2 定投上证指数示例

2007 年 10 月 16 日 (6124 点)—2009 年 8 月 4 日 (3478 点);

定投扣款时长：22 个月；

定投收益率：23%；

期间指数涨跌幅：-43.21%。

神奇不神奇？ 2007 年中国股市的上证指数达到历史最高点 6124 点，然后跌到 2009 年的 3478 点，即使上证指数缩水将近一半，也还有 23% 的定投收益。看到这个收益率，有人会说，如果我从笑脸右边开始做定投，不就可以避免下跌的部分、直接享受股市上涨的收益吗？

这正是我想强调的，**我们要从笑脸的右边开始做定投，起码是偏中间的部分。但是由于时间变短了，所以每个月的投入要加倍才能扩大本金，从而获得更高的收益。**

很多投资者喜欢在股市狂热的时候进去接最后一棒，如果从最高点开始做，在起初的一段时间都是下跌的，而且越买亏损越多、负值越来越大。一个牛熊转换一般是3~5年，很多人的心态就会变得消极，甚至有的人因忍受不了账面亏损的数字而选择清盘，再也不做定投了。

高点开始定投对投资者最大的考验是耐心。只要能持之以恒地扣款，熬过熊市，等到牛市来临，定投还是会帮你赚钱，但是也会备受煎熬。

稳赚不赔的基金定投的前提是把握向上的趋势

要想稳赚不赔，你不能在市场估值很高的时候进行定投，最好的方法当然是在低点开始定投，这样可以累积足够便宜的筹码，赚得更多，心态也更积极，不用忍受过多的亏损困扰。

我们在第二章中说明了把握趋势的重要性。在向上的趋势中投资才能一帆风顺，否则就会越投越亏。震荡市中也可以做定投，但是收益就不会高了。2007年股指6124点时，A股平均市盈率已经超过70倍，这意味着投资上证A股上市公司需要70年才能收回成本，很不理性，所以这个时候就不要做投资了。你可以把每月用于定投的钱提前储备起来，等到市场回调时再扩大定投的额度。

例如，2020年3月上证市盈率在11倍左右，深证市盈率在30倍，A股估值处于低位，正是做基金定投的好时机。虽然短期市场会有震荡，但是要有股市一定会上涨的信心、坚定持有几年的耐心和充足的现金流。

持之以恒很重要

即使是趋势向上，股市也有涨跌波动。很多基金投资者自作聪明，喜欢在股市涨的时候扣款，股市跌的时候停止扣款；有些投资者看到账户亏损就停止扣款，等账户开始盈利又恢复扣款。这些投资者明显错过了低位建仓的好时机，投入的本金会变少。其实基金定投的初衷是帮助投资者克服人性的弱点，让其以固定金额的投资方式进行长期降低成本的投资。既然从股市的历史最高位开始做定投都是可以获取收益的，那么短期的波动就不必在意。只要选择的基金没问题，即使定投出现赔钱的情况也应该持之以恒，最终你会获得丰厚的收益。

怎样投资大家都在谈论的 ETF

先给大家讲个小故事。在一次会议上，有人向“股神”沃伦·巴菲特提了一个问题：“假如你三十多岁，靠一份全日制的工作谋生，根本没有时间研究投资。但是你已经有一笔储蓄，足够维持一年半的生活开支，那么你攒的第一个100万元将会如何投资？请告诉我们具体投资的资产种类和配置比例。”

沃伦·巴菲特笑着回答：“我会把所有的钱都投资到一个地方，那就是低成本的标普 500 指数基金，然后继续努力工作。对大部分的机构和个人投资者而言，投资成本低廉的指数基金，是拥有普通股的最佳方式。”

本部分详细介绍大家都在谈论的，沃伦·巴菲特也很推崇的指数基金的一种——ETF。

2020 年 1—2 月，科技类 ETF 和创业板 ETF 涨得特别好，尤其是芯片类和半导体类 ETF，上涨势头十分猛。我个人也持有创业板 ETF 和科技 ETF，短期收益一度高达 60%。那时候很多人都在讨论 ETF，后来受新冠肺炎疫情影响，各类 ETF 也下跌并且经历了调整。在疫情受到控制以后，这些基金在调整后又继续上涨，创业板指数一路高歌，于 2020 年 7 月 13 日创了新高，我个人在创业板指数 ETF 投资上的收益也随之翻倍。

什么是 ETF

ETF 是追踪特定指数的基金，是指数基金的一种，可以在交易所进行买卖，又可以随时进行申购赎回。其交易价格、基金份额净值走势与所跟踪的指数基本一致。因此，投资者买卖一只 ETF 就等同于买卖了它所跟踪的指数，可取得与该指数基本一致的收益。例如，证券 ETF 就是跟踪证券板块的指数，科技 ETF 就是跟踪科技板块的指数。

对于投资者来说，购买传统的指数基金可以通过自己的开户银行、股票账户的场外基金或者基金公司的网站认购或者申购；购买ETF既可以通过股票账户在二级市场直接购买，也可以从场外用认购和申购的方式。从二级市场买入ETF只需要支付证券公司的交易佣金，既不需要像股票交易那样支付印花税，也不会额外支付基金申购和赎回费以及基金管理年费，所以沃伦·巴菲特说它的投资成本低。

2004年12月30日，上海证券交易所推出的上证50ETF，是上海证券交易所推出的第一只ETF。ETF会不定期地剔除存在不利因素的股票，并相应地买入新入选的成分股进行吸纳，这样ETF的投资者可以规避个股“暴雷”的风险。

市场上的ETF种类繁多，有跟踪上证指数的、深证指数的，也有跟踪沪深300ETF、沪深500ETF的，还有跟踪创业板ETF、科技ETF、证券ETF、芯片ETF、人工智能ETF、新能车ETF、黄金ETF、原油ETF、医药ETF等，甚至还有恒生指数ETF、纳斯达克指数ETF。

很多人不投资ETF，主要有两个原因：一是不了解甚至不知道ETF，主要是因为ETF作为一种新型的投资产品，诞生时间不长；二是觉得ETF波动小，没有股票涨得快，而且没有涨停板。

做投资不是投机，更不是赌博，我们追求的是投资收益，而不是刺激；做投资也最忌讳追涨杀跌，天天追涨停板。我们在市场估值低位的时候买ETF，然后等待估值高位的时候再卖掉，其他时间什么都不用做。稳稳的赚钱，何乐而不为？

买 ETF 省时省力，好处多多

经常会有人问我："黄老师，我想买证券类的股票，你说中信证券和南京证券哪个好？"或者是问我："我想买科技类的股票，中兴通讯和科大讯飞哪个好？"这时，我就会和他们说："如果你要做个股投资，你真的有大量的时间去跟踪这个上市公司的业绩实时更新、管理层人事变动、行业风险、公司信誉、市场供求、突发消息等不确定因素吗？"普通的散户对金融、经济、行业的了解可能并不是很深入，平常还要上班，每天只能花一点点时间来看股市。除非你是专业全职股民，并且能够确保你的水平跑赢大盘、跑赢你所关注的板块。如果你没达到这个水平，但是又看好股市，就直接做 ETF 定投吧。

同理，对于主动管理型基金来说，基金经理选股和操作的方式决定了其管理基金的收益，而大部分基金经理是跑不赢指数的。你要花大量的时间去考察这位基金经理的业绩和操作，即使他的业绩不错，也不能确保持续保持这一水平，何况基金还有换基金经理的风险。

投资 ETF、被动地追踪指数，可以使你省去研究的时间，不用去看财务报表、不必关注上市公司公告和最新动向，只需关注大的经济周期和趋势、定期投入、静待花开。你可以把多余的时间用在学习和充实提高自己上，这种省时省力的投资就是这么简单。

投资 ETF 要注意什么

1. 市场估值低的时候进入，长期持有，波段操作，高卖低买

我们要根据股市周期、估值、趋势等因素，合理配置国内外股票指数基金。达到波峰时卖出，跌到波谷时买入，不断调整自己的资金使用，实现大周期的、稳定的盈利。

当然，每个人都很难抓到市场的最高点和最低点，但是可以根据市场的估值进行一个顶部和底部区域的判断。我们不能只买不卖，要高卖低买，在市场估值高的时候就可以卖出 ETF 获得收益。

2. 要挑选好的基金公司以及准确和盘子大的 ETF

ETF 总是被动地复制指数，有点类似“跟踪”的性质。那么我们就要去衡量这种“跟踪”是否有误差。“跟踪误差”代表基金净值收益率与基准指数收益率之间的差值。这个差值越小，就代表指数基金与指数的拟合度越好。行业内比较认可的正常跟踪误差数值一般在 2%~3%。如果“跟踪误差”超过 3%，那么就要考虑这只指数基金是不是值得投资了。

另外，有些基金公司发行的 ETF 基金盘子很小，想卖出时会没有人接盘，一旦有大单卖出，价格波动就很大，这种是不利于操作的。所以，要选优质的基金公司发行的规模比较大且跟踪误差小的 ETF 作为我们的投资标的。

3. 要多元化配置

有时候我们会发现，美股涨了，A 股不涨；或者上证指数涨了、金融涨了，而我们关注的板块（如人工智能）却不涨；又或者中小盘股涨了，大盘股却不涨。如果仅买入一只 ETF，看到别人的涨、自己的不涨就会很着急。

所以，我们要进行多元化配置，自己判断市场的情况，可以配置一些势头比较好的板块指数 ETF、一些沪深指数 ETF，也可以配置其他国家的一些股市指数 ETF，这样一来，即便单只 ETF 不涨的时候，也可以实现“西方不亮东方亮”，当然也有可能配置 ETF 的全部都“亮”。

悦函点睛

▶ 买 ETF 的好处很多，不但交易成本低，而且操作起来省时省力。我们只要判断好大趋势、在低位定期投资 ETF，就可以把精力和时间放在努力工作上，让自己抓住更大的行业机会，还有时间做更多自己想做的事。

银行理财、债券、黄金、保险，怎样选适合你的

市场上的投资理财产品种类繁多，股票、基金、债券、外汇、黄金……令人眼花缭乱。很多女性认为理财是很费时

间、很费精力的事，需要下很大功夫来研究，一不留神还有因投资失误造成亏损的风险。尤其是职业女性，白天工作、晚上下班后还要做家务，等忙完这一切已经很累，根本没时间和精力去理财。之前也听一些其他投资理财讲师说过，只要讲课的内容稍微深入一些，如介绍可转债的投资，就没有人听了。

确实，每个人的精力都很有限，如果不是要做专业的投资人，真的应该过滤掉一些小众的、比较复杂的、不需要的投资理财品种，把真正适合自己的品种的操作搞明白就行了，剩余的时间和精力都用来投资自己的认知、事业、个人品牌和家庭，这样的人生才能收获更多的幸福。以下分享一个挑选投资理财产品的简单方法，按照资金闲置的时间（如几个月到一年、一年到三年、五年到十年）来帮你找到对应的投资理财方式。

三个月到一年用不到的钱

我们在生活中会给自己预留一些资金，作为自己三个月到一年的生活费，这部分钱会随时支取。如果以活期储蓄的形式存放，利率会很低。这笔钱可以购买货币市场基金或者是保本的银行理财产品。

· 货币型基金

货币型基金是一种短期的投资工具，它的流动性几乎相当于活期存款，可以随时赎回，具有收益稳定、流动性强、购买限额低、资本安全性较强的特点，极少出现亏损的情况，年化收益率一般在2%~4%浮动。例如，我们常说的余额宝，就是一种典型的货币基金，比较适合打理活期资金、短期资金或临时资金。

· 银行理财产品

银行理财产品主要有债券、央票、大额存单、商业票据类、外汇、有价证券等，产品设计下来扣除中间费用后，客户收益普遍偏低，但是安全性较高，年化收益率在3.5%~7%。保本类的收益低一些，非保本类的收益相对较高。

最短期的理财产品仅1日，可以当天赎回；固定期限的有7日、14日、30日、35日等短期理财产品，也有是3个月、6个月和12个月的产品。根据时间不同，年化收益率也不同。购买银行理财产品应该选择规模大、口碑好的银行，根据自己资金可闲置的期限和风险承受能力选择对应的产品。

一年到五年用不到的钱

在生活中，我们会给自己预留未来的培训费用、应对生活中生病或者其他紧急事件支出的费用，这些钱可能一两年也用不到，可以以定期储蓄的形式存放，用于购买银行的理财产品或者购买部分债券，也可购买信托理财产品。

· 债券

债券是政府、企业、银行等债务人为筹集资金，按照法定程序发行并向债权人承诺于指定日期还本付息的有价证券。债券有国债、金融债券、公司债券。债券比股票风险低，但是收益也相对较低。国债的信誉好、利率优、风险小；金融债券的风险相对较高；公司债券的风险最大，但是承诺的收益也相对较高。

· 债券型基金

债券型基金是指 80% 以上的基金资产投资于债券市场的基金，它的风险相对较低，长期收益也低于股票基金，波动区间为 5%~10%。能保持 6%~8% 的年化收益率的债券基金就是不错的债券基金了。如果投资者在投资时能挑到这种收益率的基金，那么投资回报可以跑赢通货膨胀。要注意的是，有些债券基金也可以用一小部分资金投资于股票市场，所以是不保本的，会有一定的风险。

· 信托理财

信托理财门槛较高，一般是 100 万元起投，投资期限有 1 年、3 年和 5 年不等，年化收益率一般在 7%~10%。信托理财也是一种类似银行的贷款，贷款人向信托公司申请贷款，然后信托公司通过立项、上会和尽调等一系列风控流程后做成项目，而后向投资人募集资金，也就是我们见到的集合资金信托计划。所有的贷款都存在风险概率，也都会有坏账，所以存在风险。我们不要只听理财经理的口头描述，而要收集信托公司对该产品的书面介绍信息，仔细查阅该项目的风险提示信息。

五年到十年用不到的钱

对于五年到十年不用的钱，可以考虑通过房产投资、股票投资和基金定投来获得高收益，这些都是我们比较熟悉的主流投资方式。我们做这些投资来追求长期收益，在未来可以给子女预留教育基金，也可以留给自己养老。当然，投资有风险，也要做好亏本的准备。

以上是我们生活中常见的，比较简单的一些主流投资理财产品，我们可以按照闲置资金的时间长度和自己的风险承受能力选择适合自己的投资组合。大多数收益超过 4% 的产品是有风险的，就算比较稳健的债券基金也会有风险。

另外，以上按照闲置资金的时间长度对应选择理财产品只是一个建议，由于每个人的情况不同，所以可以根据自己承受风险的程度及投资理财水平来选择适合自己的投资方式。例如，如果你判断股市在未来的半年至一年趋势向上，有一波儿行情，那么就完全可以把短期内不用的钱用来购买股票或者股票基金。只是如果你被套又急需用钱就会比较尴尬，所以要对自己的投资水平和风控能力有客观的了解和评估。

其他常见品种

还有一些投资理财品种大家也可以简单了解一下，这些品种经常听人谈论，有的风险很大，有的只适合专业人员操盘，不太适合普通投资者。我们不要看到身边的人短期获利就跃跃欲试，甚至盲目杀入市场，这样可能会遭遇不必要的财产损失。

· 黄金

作为国际硬通货，黄金常用于国际储备。很多人喜欢买黄金，觉得它在动荡的时候可以避险。对女性消费来讲，黄金首饰也是一种不错的选择，它可以满足佩戴需求，带来美的享受。我们来看看近 20 年来的国际黄金价格。1999 年，黄金每克 75 元。2020 年 8 月的足金价格在每克 400 元左右。黄金国际金价上个高点出现在 2011 年，达到每克 395 元。黄金国际金价最低点出现在 2015 年，跌至每克 215 元。2013 年，中国大妈在黄金市场疯狂扫货，结果金价下跌，大妈们高位被套。2020 年，受国际环境的影响黄金上涨，7 年来中国大妈们才刚解套。如果是投资，2020 年黄金涨幅较大，但是从 20 年的时间段来看，黄金价格涨了不到 6 倍。1999 年到现在，猪肉价格大概涨了 10 倍，所以黄金没有跑赢猪肉，更没有跑赢国内一线城市的房价。“股神”沃伦 · 巴菲特也说，黄金用处不大，而且也不是生产性资产。

如果你是贵金属操盘高手，也可以在股市甚至是期货市场上通过价格波动获取收益。虽然黄金在动荡时有避险功能，但是也不一定会持续上涨，因为在流动性危机的时候，黄金同样会被抛出，价格也会相应下跌。对于普通人来说，短期炒作风险太大。

· 外汇

外汇每天的价格波动小，需要加杠杆操作，外汇跟各国的利率息息相关，跟各国的政策和经济发展水平联系密切，对投资者的专业技能、知识结构等要求相对较高。对于专业人士来说也有很大的风险，加杠杆更会在投资中放大人性的贪婪和恐惧，不适合普通投资者操作。

· 保险

除一些个人和企业需要缴付的社会保险以外，在家庭投资理财中，可能还会考虑是否需要购买商业保险。购买商业保险是防御意外发生的一种选择。虽然交通事故和重大疾病发生的概率非常小，但是如果你内心不安，就可以购买意外险和健康险，为你的人生系一个安全带。同时，也可以购买财产险来保障财产安全。

还有一种人寿保险属于强制储蓄。投保人需要定期付给保险公司保费，未来保险公司再将投保人支付的保费分批返还给投保人。以年金险为例：根据年龄的不同，分为少儿教育金和老人养老金。少儿教育金是在孩子成长的重要节点

（如高中、大学、结婚）时支付费用；老人养老金是每月支付老人的固定生活费。有人担心货币贬值、购买力下降导致十年、二十年后钱会“缩水”，认为年金险是一个亏本的理财，但是年金险对财产的隔离非常有利。例如，夫妻中的一方经营了一家公司，可能有债务发生，这个债务会涉及家庭资产；又如，夫妻中的一方收入很少甚至欠债；再如，婚姻不稳定，有可能面临离婚分割财产，这些情况下都需要给家里的孩子预留出教育金，给老人隔离出养老金。

悦函点睛

总结以上的投资理财产品可以看出，投资理财一定存在风险。不保本的产品有风险，不一定能抵御通货膨胀，更不用说低收益的保本产品了。对个人而言，一边要做投资理财，把钱和时间花在对抗通货膨胀上，一边要进行自我增值，学习那些能满足当前市场需求和在未来有广阔前景的行业。市场会波动，虽然投资未必一定增值，但是我们的财商和认知通过复利积累在一直提高。

聪明的女人都会投资自己

如果一个女人在最重要的几年中，把自己所有的财力、时间和精力都投资在一个男人身上，那么之后的几十年里，一旦他离开，你的生活就会崩塌。但如果你投资的是自己，你所投入的财富和时间终将以对等的方式源源不断地回报你。所以，聪明的女人要学会投资自己。

我们在“致富到底靠投资还是靠理财”这一节讲了，狭义上的投资是理财的一部分，广义上的投资超越理财。广义上的投资不一定指的是投入金钱去买房、买证券，也可以是为了获得未来的收益或者达到一定的目标而投入时间、精力和情感。

可能你目前并没有很多闲置资金用于投资房产、基金、理财产品；或者你处于一个经济下行、要收缩投资的时间段。但是不做经济上的投资并不妨碍投资自我，对自己进行再教育，可以对自己的认知进行投资，提高财商；也可以对个人品牌进行投资，投资自己的健康和形象，获得被动收入；还可以对友情和亲情进行情感投资。

1. 对自己的认知进行投资，提高财商

从大学毕业到找工作进入社会，无论是对专业的把握和选择，还是决定继续深造或找工作，都需要对国内外环境、经济周期、行业趋势和自身的需求有正确的认识，而这些能力都要通过不断的学习积累，提高认知的维度和深度来完成。读书是提升自我、点亮人生最便捷和低成本的方式，大家一定要多读书、抓住未来的风口，尽快找到适合自己的“雪道”，在“雪道”上滚大“雪球”，实现复利积累。

我们书中列举的股市、人工智能、单身经济几个领域都是将来高速发展的领域，也就是我们所说的风口，另外还有

互联网、知识付费、互联网餐饮、共享经济、知识付费、短视频虚拟现实的机会层出不穷。要想抓住这些机遇，就需要通过读书、参加培训、对自己再教育等方式提高认知、提高财商，从而实现复利增长。

头脑是我们最重要的资产，所以只有训练大脑对理财的敏感度、提高财商，才能抓住更多的赚钱机会。陈旧的思想是我们最大的债务，所以我们应该转变对金钱和财富的看法，学习和接受新的理财观念。从长远看，教育比金钱更有价值，所以不断学习是增加被动收入的最保险方法。

只有不断进行与时俱进的学习和自我教育，才能保持认知的相对优势，很多问题的本质就是认知上的问题。你永远赚不到超出你认知范围之外的钱，除非靠运气；但是靠运气赚到的钱，最后往往又会因为缺乏认知而失去，这是一种必然的趋势。所以，在有能力做经济领域的各种投资前，我们先要通过学习，把自己的认知和财商匹配到一定的高度。

2. 投资个人品牌、健康和形象，获得被动收入

· 投资个人品牌

无论是影视明星、歌手，还是微博、微信公众号的大 V 或短视频、电商直播的网红，或是畅销书作家，他们的变现全部靠流量，也就是个人品牌带来的影响。他们其中的一些人，有自己的原创作品，如作家随着书的一次次被重印，或

者原创歌手的音乐被播放使用，可以获得持续的收益。拥有了版权，所以有了被动收入。

我在本书中提到的的短视频博主李子柒和哈利波特的作者 J.K. 罗琳都拥有个人品牌带给他们的被动收入。作为《哈利波特》系列的作者，J.K. 罗琳从其版税、电影、主题公园、各种纪念品及舞台剧表演中获得巨额的收入，每天的被动收入大概为 19.8 万英镑（约合 173.4 万元人民币），而她现在还在继续写作。

喜欢做内容创作的同学，完全可以把时间、精力投入创作领域，如尝试写作、研发网络课程、开发短视频、创作音乐作品等，最终拥有你自己的作品版权，实现被动收入。

· 投资自己的健康和形象

无论你现在是贫穷还是富有，身体健康都是一切的本钱和基础。人生中最大的错误，就是用健康换取身外之物。一觉醒来，拥有一个精力充沛的身体就是最好的被动收入，这个收入远胜于资本的增长。

美好的形象，是每个女人一生都需要进修的课程。良好的形象和健康的体魄有助于在职场上更加受到关注。美丽的容颜更加有助于邂逅良缘，收获爱情。有远见的女人知道，美和健康是一生的事情。对自己好一些，养成合理的生活习惯、拥有良好的心态、为自己的外形投资……你会在多年后收到回报。

3. 对友情和亲情进行情感投资

我们获得被动收入、实现财务自由的最终目标是获得更多的人生幸福感。人生的幸福感中，美好的友情和亲情是不可缺少的。

在我们的生活中，每个人都需要朋友，在困难时好朋友的开导和帮助会让苦闷减半，快乐时和好朋友的分享会让快乐加倍。朋友需要投入时间和精力去相处、去交流、去经营，经得起时光过滤、最后留下来的才是真正的朋友。

陪伴家庭、享受天伦之乐也是对自己最好的投资。家庭生活是否幸福与是否愿意付出有很大关系。投资在家庭和孩子身上，等你老了就会收获疼爱你的老伴和孝顺的子女。

我们要明确自己的责任，好好照顾家人。无论何时，家庭都是最重要的。人生短暂，应多花时间和精力投资在家庭中，为你的爱人和孩子留下美好的回忆。

所以，请珍惜与朋友和家人在一起的每一天。

悦函点睛

▶ 终身学习、不断更新自己的技能体系，才是我们对抗通货膨胀最好的武器。投资自己或许才是真正一本万利的“好生意”。

▶ 懂得投资自己的女性，总是愿意在那些能够使自己过得更好的地方投入大量精力。这样的女人是最聪明的，也一定会收获更多的成功，会永远美丽、永远幸福。

本章要点复盘

▶ 要想获得财务自由，我们一定要重视投资，经济方面的投资本身就是理财的一部分。另外，还要投资自我，把时间和精力投入自己的事业，以便顺应时代趋势、抓住风口。

▶ 对于大多数人而言，我们一生中的大部分收入可能都会花在买房或者租房上，我们一定要多花时间弄懂买房租房的逻辑，以防造成巨大损失。买房也能给人带来安全感，让女性更独立，在家庭中更有话语权；有房屋出租还可以给自己带来被动收入。2020年房价已经平稳，是刚性需求买房的好时机。

▶ 全球资金都看好的中国股市，机会多多。股票价格会受到很多因素的影响，如股市的牛熊周期、经济因素、行业因素、公司自身因素、市场因素等。投资股市需要付出很多时间和精力，一不小心就容易“踩雷”，再加上股价的震荡引发情绪波动或操作不理性，这些都是投资者买股票赔钱的原因。

▶ 基金定投是人人都能做的、比较简单的投资股市的方法。做股指基金的定投，在市场估值较低的时候买进，把握向上的趋势，就可以做到稳赚不赔。

▶ ETF 是追踪特定指数的基金，投资者买卖一只 ETF 就等同于买卖了它所跟踪的指数，可取得与该指数基本一致的收益。例如，证券 ETF 就是跟踪证券板块的指数，科技 ETF 就是跟踪科技板块的指数。买 ETF 省时省力、好处多多，前提是要在低位买入。

▶ 从 20 年的时间段来看，黄金价格涨了不到 6 倍。黄金没有跑赢猪肉，更没有跑赢国内一线城市的房价。外汇每天的价格波动小，需要加杠杆操作，对专业要求较高。保险满足了安全感的心理需求，年金险具有财产隔离的作用。

▶ 制订适合自己的理财计划：三个月到一年用不到的钱，可以用来购买货币型基金和银行理财产品；一年到五年用不到的钱，可以用来投资债券、债券基金和信托理财；五到十年内用不到的钱，可以用来投资股票、基金、房地产，以期获得高收益，同时也要注意风险。

▶ 如果目前没有很多闲置资金，可以把有限的资金用来投资自己，多读书学习，提高财商，提升个人品牌，改善健康和形象。

第六章

制定你的专属复利提升规划

单身族：
先脱贫再脱单，你的选择会更多

根据婚恋专家的统计，越早结婚的人离婚率越高，为什么呢？因为彼此的心智都还没有成熟，对自己、对婚姻都还没有足够的认知，所以很容易就会选错结婚对象。选错结婚对象的代价非常巨大，甚至可能会影响到一生的幸福。

在二十岁出头或刚刚毕业的时候，大家都刚刚走上工作岗位，多数人的人生目标还没有明确，自身的格局还未展开，往往因为“纯纯的爱”就觉得情投意合，携手共婚。婚姻美满当然令众人羡慕，可是如果几年后各自起飞后才发现，原来自己当初所爱的那个人在经济收入、生活习惯、思想认知上和自己的差距是这么大，该怎么办呢？如果你自己有足够的能力与更适合的异性相结合，你又该做什么决定呢？这时你会不会想：要是先工作几年，等人生有了些积累和阅历再结婚就好了。

先脱贫再脱单，“你若盛开，蝴蝶自来”

几年前，美国的一个知名网站的金融版有一则美女的征婚启事：“本人25岁，不仅长相漂亮，而且谈吐文雅、有品位。我想嫁给年薪至少50万美元的人，这里有没有年薪超过50万美元的人？”

一位华尔街金融家回复道：“我怀着极大的兴趣看完了贵帖，相信不少女士也有跟你类似的疑问。让我以一个投资专家的身分对你的处境做一个分析。从生意人的角度来看，跟你结婚是个糟糕的经营决策。抛开细枝末节，你所说的其实是一笔简单的财貌交易：甲方提供迷人的外表，乙方出钱。但这里有个致命的问题：你的美貌会消逝，但我的钱却不会无缘无故减少。事实上，我的收入很可能会逐年递增，而你不可能一年比一年漂亮。因此，从经济学的角度讲，我是增值资产，你是贬值资产，而且会加速贬值。你现在25岁，在未来5年里，你仍可以保持窈窕身段和俏丽容貌，但接下来美貌消逝的速度会很快。如果它是你仅有的资产，那么10年以后你的价值堪忧。年薪能超过50万美元的人，当然都不是傻瓜，因此我们只会跟你交往，但不会跟你结婚。”

看完这则故事，很多女生会说：华尔街做金融投资的人都太会算计了，怎么能把婚姻当成一场财貌交易呢？这些高薪男人也一定会反问：年薪50万美元的男人凭什么平白无故把钱给你花？在婚姻里，两个人的条件一定是对等或者互补的，灰姑娘找到白马王子都是童话里的故事。在现实生活中，大部分婚姻因门当户对才长久。男人都很理性，尤其是年薪50万美元的男人，他们一定有思想，而且他们的钱也不会随意被人支配。

所以与其寻找嫁给有钱人的秘方，不如想办法把自己变成年薪50万美元的人。也就是说：要得到想要的某样东西，最可靠的办法是让自己配得上它。你成为什么样的人，就会吸引什么样的人；你成为什么样的人，就会拥有什么样的人生。

有了一定的经济基础，你的爱情会变得更纯粹

这是一个女性可以掌握自己财富的时代，女性不需要在经济上依赖男性，经济独立才能增强自信心，稳固自己在家庭中的地位与话语权。同时，更不要为男人做自我牺牲，不要把自己未来幸福的权利交给别人，自己的幸福要靠自己创造。

女性有了一定的经济基础，才能获得更多的选择权，找到一个更优秀、更合适的结婚对象。而且，最重要的一点是，当你拥有良好的自身条件后，你的爱情会变得更纯粹。

在你很穷的时候，觉得找个普普通通的男朋友就很棒了；当你月薪过万元时，就觉得可以找一个高级白领；当你月薪到了两万元时，会觉得自己完全可以找一个精英；等你年收入过百万元后，你已经不用看月薪找男友了。当你没有房子时，特别渴望对方一定要有房；当你没有车时，便要求对方得有车。可当你拥有的能满足自己时，你对男性伴侣的要求反而会变得纯粹——你给我爱情就好了，面包我自己买，你的选择余地会很大。他富有，你不用觉得自己高攀；他贫穷，你也可以张开双手坦然拥抱他，这就是女人经济独立的意义。

单身族的自我增值规划

自我增值，登上更高的山峰，才能成为看到更广阔风景的人。

首先要投资自己，增加阅历，提高认知。对于刚刚踏入社会不久的年轻人，也许没有什么积蓄，即使有工作，收入可能也不会很高，在支付衣食住行等生活成本后剩下的钱就不多了。这时候你应该把钱花在自我投资上（参考第五章中“聪明的女人都会投资自己”一节），掌握更多的知识，把握经济周期，了解顺应时代潮流、高速发展、在风口上的行业和领域，提高自己的专业技能，积累行业经验，寻找机会跟上大趋势。

其次要养成良好的理财习惯，让财富复利积累。年轻人刚开始工作的时候，主要收入是工资，提高收入的最好方式就是升职加薪。所以对年轻人而言，努力工作就是积累财富的最好方式。你要养成良好的理财习惯，从日常生活中的记账开始，学习制订财务计划并坚持执行，在这个阶段要尽量降低奢侈品的购入，把钱尽量多地用在自我教育和自我提升上。可以把收入的10%~20%用于自我投资，如果每月还有结余，可以按照第五章“认识理财，学会投资”里介绍的方式做基金定投。几年下来，复利积累的结果也会惊人。

如果你的收入很高或者获得了奖金，有一大笔闲置资金，可以把它用来购买房产，在第五章的“究竟该不该买房子？该买什么样的房子？”中，你可以找到如何挑选可以增值保值的房产。有了自己的房产再结婚，自己在婚姻中的底气也足，即使婚姻有变故，房产的产权也很清晰。

悦函点睛

▶ 单身族一定要先脱贫。在自我提升增值、经济独立后，你的认知会提高，生活会越来越精彩，选择也会更多。如果你已经脱贫并且想体验甜蜜的爱情，在第四章“复利积累让你的工作和生活轻松开挂”中的“情感复利：年龄再大也能找到真爱，脱单就是这么简单”中，你可以学到轻松脱单的方法。

恋爱女：
保持独立让爱情更甜蜜

经常有姑娘会抱怨：男朋友刚开始追求自己的时候非常主动，总是希望见面，三天一约会、五天一送花的，可等到确立了男女朋友的关系以后，对方就会冷淡下来，自己要去逛街看电影，而对方就只想宅在家打游戏。反倒是自己变得主动起来，天天关心对方的工作生活，给他买日常用品甚至还为他洗衣做饭。

女方付出了那么多，男方反而嫌弃女方管得太多——天天要问：你去哪儿了？是不是跟别人聊天了？你不爱我了吗？刚在一起的时候，男方还觉得女方挺可爱，过了几个月就会觉得她烦了，自己上班本来就很辛苦，下班了还要拼命地解释自己见了什么人、为什么不及时回复短消息，真的想一个人静静、休息一会儿。

于是大家开始彼此厌倦，首先从语气不耐烦开始："你有时间和哥们儿喝酒，没时间陪我出门儿？""你要是这么想，我也没办法。""你能不能改改你的脾气？""你别管我。"然后双方的感情会变得越来越淡，甚至最后无疾而终。女方会觉得自己付出了很多，对方不理解自己，感到很委屈。实际上他们都忽视了一点，在爱情中，男女双方是应该保持自我独立的。

真正的爱情在本质上是两个独立、成熟个体的相互滋养，令对方成长、令彼此的心智更加成熟

情侣间既应该相互吸引，又不应为了取悦对方而丧失和损害自己的独立性。每个人都应该走在属于自己的道路上，不会要求对方必须和自己一路同行，但又会给对方鼓励和支持；应该尊重对方的生活习惯，又求同存异，和伴侣一起享受当下；要能够正视自己的责任，主动为恋爱关系负责，用心经营自己的爱情，能够真正关心对方，能够为恋爱中的问题和矛盾寻找解决方法。

如果在恋爱中失去了自我，把自己的时间、精力全部花在男朋友的身上，并且在心理上完全依赖对方，一旦对方没有满足自己的要求或者得不到回应，就会去谴责对方，这种做法是不可取的。那怎样才是恋爱中正确的做法呢？

热恋中的姑娘这样做，你的爱情会更甜蜜

1. 保持独立，关注自己的工作和生活

有的女性没有自己的人生目标，不知道自己真正想要的是什么，也没有兴趣爱好，生活中没有乐趣；做了一份不喜欢的工作却不愿意改变。因为在生活中找不到自己觉得有意义事，所以得到一份爱情后就会觉得无比幸运，就会无比投入，把全部的重心和注意力都放到了爱情上，每时每刻都在想着对方，每分每秒都想和对方发生联结，也就是男生所说的“太黏人”了。久而久之，这种“太黏人”慢慢会变成“太烦人”。

你需要做一份自己喜欢的工作，如果对现在的工作不满意，请尽快换工作。你的工作是你的经济来源，也应该是你每天生活的乐趣所在。经过时间的复利积累，你会把它做成自己的事业。聚焦你的工作就会分散对男朋友的注意力，在工作中做出成绩也会让男朋友对你另眼相看。除了爱你以外，他还会尊重你、敬佩你。

另外，要有自己的兴趣爱好和朋友圈。你可以去滑雪、去游泳、去跳舞，让男朋友看到你因为快乐而神采奕奕的样子。同样，经过日复一日的复利积累，你的爱好会变成特长，时不时地给男朋友露一手，成为他的正能量女神。在男友聚会时，你也可以去参加闺蜜的派对，打扮得漂漂亮亮地将自拍照发给男友，说不定他还会有危机感。这样他就会越来越爱你，越来越珍惜你。

2. 爱自己，设立目标提升自己

女人要学会爱自己，关心自己的生活，满足自己的需求。好好吃饭、注意营养搭配，做想做的事让自己开心，用心地去读书、去健身、去美发美甲，不要舍不得给自己花钱，要有值得感，给自己买有质量的衣服和舒适的鞋子。如果你给自己戴上“王冠”，男朋友自然会把你当成他的女王，而不是他的保姆。

另外，要给自己设立目标并不停地提升自己，如我想成为行业中的销售女王、我想成为理财能手、我要创业开一家宠物店、我要变瘦变美……短期目标或者长期目标都可以，有了目标你就有了聚焦点，你的时间和精力就会放在怎样实现你的目标上。看自己想看的书，学习能提升自己的技能，树立自己的人生目标并为之奋斗。你拼搏的样子会很美、很有魅力，这样男朋友会更加关注你。

悦函点睛

你在爱情中会不会幸福，取决于“你是谁”，而不是男朋友的表现。要意识到，你是一个独立的个体，恋爱中的许多问题需要你自身的转变才能解决。围着男朋友转并不会让他更爱你，应保持独立、关注自己的工作和生活；爱自己，设立目标提升自己。通过复利积累，你会收获很多，这样也会让恋爱更甜蜜，男朋友更爱你。

职场女：
选对行业、选对公司才能抓住风口

进入职场后，很多女性光是每天做手头的工作就精疲力竭了，没有时间为自己的职场生涯谨慎思考。对自己的职业生涯没有清晰的认知，是一件非常危险的事。这意味着你每天低头干活，却没有抬头看路，更不知道你脚下的路是否正确，通向何方。几年后，你会发现和你一起毕业的同学由于在风口行业，事业蒸蒸日上，收入和生活品质已经远远超过你；而你还在原地踏步，反省自己原来做了很多无用功。职场上成功的女性，一定是对自己的工作、对自己的成长有着深刻认知与规划的人。你有没有想过，你现在做的工作会在未来三年、五年给你带来什么？每个在职场上奋斗的女性都希望通过自己的努力，事业和收入每年都能上一个台阶，那么职业女性要怎样进行自我增值和复利积累，实现这个美好的愿望呢？

1. 选对行业、选对公司

我们在第二章里反复强调，成功的人靠的是趋势和风口。对于刚入职场的打工族来说，一方面要提高个人能力，另一方面也需要凭借一个平台让个人的价值得到发挥。重要的是，要学会借势，选择一个高速发展的行业和一个飞速发展的优质企业，和企业共同成长，从而实现自身的价值。企业能够快速成长，与其所在行业的发展趋势、企业的远景规划及企业领导者的见识和能力密切相关。

· 企业所在的行业

企业所在的行业就是我们之前所说的“雪道”，上升的行业蕴含着巨大的机会，企业在高速发展的行业里，就如顺风行船，借力前行必然行进得顺畅。如果企业在一个下降趋势的行业，那么就如逆水行舟，越走越困难。近10年发展比较快的行业有互联网行业、新能源行业和人工智能行业等。如果你选择了一个处于衰退行业的公司，那么你的收益与别人相比也会相形见绌。

· 企业的远景

企业的远景又叫企业愿景，指企业未来希望达到的状态，包括企业的未来目标、企业的使命及核心价值等。企业的远景大多具有前瞻性，是企业发展的指导方针。许多优秀企业具有一个共同特点，即强调企业愿景的重要性，这样可以有效地培育和激发员工的工作潜能，提高生产率，让企业快速发展。

例如，阿里巴巴公司刚成立时的企业愿景是“让天下没有难做的生意”，并将此愿景深深地植根在员工的思想中，用同一个信念把大家聚集在一起，让员工为这个共同目标而努力。众人拾柴火焰高，所以后来阿里巴巴公司发展很快，马云也借此成一度为中国首富。但是，有些经营者却走一步看一步，往往只重视企业近期的利润，并不考虑企业未来的可持续发展。这样的企业从长远上看，其发展空间极为有限，是否加入这样的公司你就需要考虑考虑了。

· 企业领导者的三观也在很大程度影响着企业的发展

领导者没有正确的世界观、人生观和价值观，能力再强也只能在错误的道路上越走越远。我们常说的“一个人没有正确的三观”是指其世界观、人生观、价值观不符合当下社会的发展，不符合时代潮流的前进方向。三观不正确必将阻碍我们前进，企业领导者如没有正确的三观也会把企业引入歧途。例如，领导者有向社会索取而不是向社会奉献的价值观，不从国家利益出发而以个人利益为重，觉得只要能让企业盈利，违法乱纪、投机倒把也在所不惜。又如，领导者傲慢强权，不积极改进自己的认知能力和领导力，认为人生就是一场投机赌博，贪腐享乐人生才够本。这些不正确的价值观只会早早断送企业的前途，还会牵连到跟随他的员工，有这种三观的领导和企业是不能选择的。

· 领导者的能力极其重要

领导者需要具备很多能力，包括预见力、凝聚力、沟通力等。我们可以用一个很简单的方法来判断一个领导是否合格：扪心自问，你是不是崇拜他、是不是佩服他。如果答案是否定的，恐怕他所领导的企业就不是你最好的选择。

2. 打造标签，提升个人品牌

个人品牌的打造，不仅仅限于影视明星、歌手、作家自媒体博主等公众人物，我们在工作中也需要打造个人品牌，给自己贴标签。什么是标签？就是你比别人优秀突出的东西，让大家在需要做某件事情时，第一时间就想到你。

例如，有的人文笔好，公司起草文件会第一时间想到他；有的人擅长沟通，有谈判协调的工作时领导会带着他；有的人组织能力强，在团队建设或者企业年会上他一定会是骨干。在职场中要让别人知道你的突出点在哪里，自己可以毛遂自荐，同时也要把时间用在与此相关的工作上。贴上了相应的标签，以后就会做越来越多相应的工作，获得越来越多的经验和成绩。通过职业的复利积累自我增值，你就会成为这个领域不可替代的人才，在公司逐年晋升，在行业内也享有盛誉，会成为行业中各个公司都想挖走的红人。

记得以前有个同事特别擅长做 PPT，她做 PPT 既美观又有条理，她也常常在网络平台分享自己制作的主题 PPT。有一次，部门领导要做报告，她主动承担了 PPT 的设计制作工作。在与领导沟通的过程中，她充分领悟了领导报告的思路。那次精彩纷呈的报告为她赢得了“PPT 女王”的称号，令众人刮目相看。从此以后，很多领导同事在做汇报时都会请她帮忙设计制作或修改 PPT。因为这个特殊的技能，她也接触到了不同部门的人员，熟悉了公司的很多业务流程，后来被挖到公司总部担任行政主管。

在职场中，我们要及时发现和培养自己的专长。这个专长可以是自己所学的专业，也可以是自学的技能，通过这些独特的竞争优势建立自己的专属标签，打造自己独特的职场品牌，在工作中逐渐走得更高、走得更远。

3. 提升工作和认知能力

工作能力一定要通过大量的实践才能得到提升。我大学毕业后第一份工作是总裁办主管，工作虽然轻松，但是单一重复，没有挑战性。后来，我主动向公司提出去投资部工作，担任了投资部主管，每天不但要分析很多的行业研究报告，写很厚的投资可行性分析，还要出差实地考察项目，参与投资的子公司的各项会议。虽然工作量多了好几倍，但是我也学会了很多东西，参与了知名上市公司、保险公司、基金公司及科技公司的投资管理工作。也正是因为这段宝贵的经历，才提升了我的投资能力，让我在 30 岁前就获得了财务自由，我十分感恩。所以，刚入职场的女性朋友一定不要荒废岁月，要在你精力最旺盛的时期抓紧时间提升工作能力。

职场女性一定要记住一句话：时间花在哪儿，成长就在哪儿。这是一个知识爆炸的时代，持续学习提高认知才是职场的核心竞争力，它能将你和别人区分开来。同样是在事业单位工作，有人下班过后聚餐娱乐，多年后依然无所起色；有人下班过后坚持读书学习、参加培训班，提升工作能力和认知能力，累积好了跳槽到更高平台的资本或开办自己的工作室，获得职业满足感的同时收入轻松翻几倍。保持一颗好学的心，每天提升一些，用不了几年你就会收获自己的事业“雪球”。

悦函点睛

▶ 刚入职场的女性大部分收入来自工资，所以选对行业、选对公司非常重要。在工作中，要给自己贴标签，逐步打造并积累个人品牌，为上升到更高的平台做准备。要与时俱进，坚持学习，提高工作和认知能力。同时，也要养成良好的投资理财习惯，复利积累，让财富增值。

宝妈：
一边理财攒学费，一边实现自我价值

我身边有不少优秀的宝妈，她们学历很高也很能干，有的曾经是世界 500 强企业的高管，在结婚生娃后无奈退出职场，自己全职在家带小孩。她们刚开始会想，我就带两年娃，两年之后我继续返回职场工作。然而在后来的居家带娃生活中，她们一点点失去自我，最后干脆一直在家带孩子。等到孩子长大需要自己的空间了，老公又有自己的事业，她们一下子失去了生活的焦点，不知道要把时间寄托在哪里，有的宝妈甚至被老公嫌弃没有共同语言、脱离社会、形象邋遢。

一个女人的青春时光并不长，与其把大量甚至全部时间和精力付给老公，还不如花些时间和精力用在自己专注的事情上，以获得成功和社会的认可。一个女性独立、有工作，不管赚钱多少，赚回来的都是一份尊严。很多职场宝妈更加会平衡工作和家庭，很多人还在工作岗位上做出了比男性更大的贡献。

如果全心全意要做全职主妇，那么事先要想好自己的存在感从哪里来，要做好规划，保持自己的提升和增值，不断成长，绝对不能脱离活跃的社会网络，不能降低社会连接度。一味牺牲的母亲，在孩子眼里也许会是一个唠唠叨叨的家庭妇女，这一定不是你希望在他们眼中看到的样子。

在职场上打拼的宝妈们都要面临经济上的压力，会有大笔的支出用来维持家用，同时孩子的人生中又非常需要一个有趣、聪明、受人尊重的母亲作为女性榜样。不论是全职太太还是职场宝妈，都可以通过自我增值来活出自我，受到家庭的尊重。此时，你需要一边做好投资理财为家庭增加财富，一边自我增值、自我实现。

积极投资理财，给孩子赚够学费

根据不完全统计，在很多有宝宝的家庭中，由女性负责投资理财的家庭比例很高。与男人的粗枝大叶相比，女人们精打细算的优势很容易被凸显出来。因为女性心思细腻，所以很容易从生活的各个方面发现省钱的契机，买东西会货比三家，选择性价比更高的商品是女人的强项，多年的砍价经验会为家庭省下不少钱财。

在投资方面，男性投资一般更偏向于激进冒险，而冒险意味着要承受更大的风险。女性天生就更谨慎、稳健，这在一定程度上避免了很多风险。另外，女性更有耐性、更沉得住气，在理财投资上不做好调查绝对不会贸然做出改变，也不会轻易改变方向。如此一来，就更容易做长线交易，把财富“雪球”滚得更大。

做好了投资理财，投资收益不一定比工资收入少，为家庭赚取了财富，为孩子赚够了学费，即使不外出工作，在家庭中也会拥有平等的话语权，老公会尊重你的财务规划意见，甚至会把收入都交给你来管理。

宝妈在投资理财中要注意以下几点

· 合理规划，理性支出

记录家庭的资产、负债和每月的收支状况，如有多少资产（存款、住房、私家车等），有多少负债（房贷、车贷等）每个月收入多少，日常开支又是多少，同时测算出相关财务指标。这样才能辅助我们更好地了解家庭状况，从而更好地制定规划。

此外，要给孩子预存一部分教育基金，现在孩子的教育对每个家庭都很重要，中国的父母都有望子成龙的心愿，而孩子将来上学、上培训班和兴趣班的费用是一笔不小的支出，需要提前准备。

有了一定的结余后，建议在家庭生活必需品的花费上节省支出。如果你想买车，建议刚起步的时候先买一辆普通的车做代步工具，并尽可能地把储蓄用于能够保值增值的投资上。因为车子一旦开出，就开始了贬值之路。

· 积极投资，积累复利

经过若干年的积累，你有了一定的储蓄，并且对房地产市场有了一定的考察和认知。如果可能的话，在人口大量流入的城市里尽早购置有升值潜力的房产，在未来的日子里既可以给家庭带来稳定感和安全感，又可以享受房地产升值带来的财富增长。

如果你对股市非常感兴趣，能把握牛市、熊市的节奏，掌握股市规律，并且有看好的高速成长的公司，完全可以把自己的部分积蓄投资在股票上，在正确的“雪道”上“滚雪球”，享受这些高速成长的公司稳定的增长和分红。你也可以做股指基金定投，操作简单、风险较低。随着投资经验的不断丰富，复利的威力也将逐步爆发。影响复利的两大因素是时间和收益率，投资越早，时间就越长；投资经验越丰富，投资收益率也就相对越高。

如果你的孩子已经渐渐长大，大学毕业以后就可以独立生活。在这个年龄段要注意家庭的投资配置，不要激进，以确保已有资产的稳固，并且预留一部分资金在医疗保健上。此时，你工作的侧重点将是让生活变得更有意义。

宝妈要自我增值，自我实现

职业女性在休完产假或者等孩子入了幼儿园以后会重归职场，其实在家养娃的这段时间是一个很好的审视自己、调整方向的机会。已经工作了几年，对自己的行业就有了一定的认知，积累的工作经验有助于审时度势。如果觉得自己所在的行业或者公司正在走下坡路或者自己先前的工作不适合自己，就要赶紧换行业、换公司、换工作，换到正确的“雪道”上，乘上风口，滚大自己的“雪球”。在家的时间可以一边带娃一边通过学习提升自我，很多女性重返职场后都找到了事业的第二春，甚至比生娃前做的还好。

如果你是位全职妈妈，会有更多的时间研究投资和理财产品，可以做更深入的了解。做好家庭财务规划，本身也是自我实现的一种方式。

另外，宝妈也可以做一些时间自由、适合自己的兼职。做兼职不仅可以挣钱，也可以认识一些新朋友，还可以增加见闻。前几年微商兴起，做得好的人大部分是宝妈，我还认识一位宝妈因为赶上了微商的风口，靠卖化妆品为家里买了大别墅，得到了家人的称赞。宝妈也可以创办微信公众号，写一些处理家庭关系的文章，分享一些育儿经验等。通过写作，宝妈可以实现自我价值，也可以获得一定的酬劳。宝妈还可以做短视频博主，记录孩子的成长，内容有趣就会有流量收入。全职妈妈实现自我价值的方法很多，每个人都可以选择适合自己的方法。只有不断学习、跟上社会的脚步，宝妈才能自我增值、自我实现。

悦函点睛

▶ 如果能做好投资理财和自我增值这两件事，你已经比大多数宝妈优秀了。即使已经是宝妈了，也要做好形象管理。另外，女人还要爱自己，充实自己的生活，专注于自己的爱好可以让日子过得更饱满充实，让自己的心情变得更好，这样才会把更好的精神面貌展现给家庭、公司和社会。

本章要点复盘

▶ 单身族一定要先脱贫。在自我提升增值、经济独立后，你的认知会提高，生活会越来越精彩，选择也会更多。

▶ 在恋爱中，你是一个独立的个体，恋爱中的许多问题需要你做出转变。保持独立，关注自己的工作和生活；爱自己，设立目标提升自己。通过复利积累，你会收获很多，这样也会让恋爱更甜蜜，男朋友更爱你。

▶ 职场女性的大部分收入来自工资，所以选对行业、选对公司非常重要，在风口上升的行业和公司工作与在衰退行业的公司工作所获得的收益会天差地别。同时，在工作中要提高能力、给自己贴标签，逐步打造并积累个人品牌，为上升到更高的平台做准备。

▶ 宝妈要积极投资理财和自我增值、自我实现，还要爱自己，做好形象管理，充实自己的生活。专注于自己的爱好也可以让日子过得更饱满充实，让自己的心情变得更好，这样才会把更好的精神面貌展现给家庭、公司和社会。

第七章

避开这些坑，把危机变成改写人生的机遇

克服人性弱点，
防范生活中的投资理财陷阱

2016年，有两位曾经与我在同一家公司共事的同事自己创办了一个网贷平台，借着某农业科研机构的名义，通过一些农业类的项目发行基金吸引投资人投资。当时的宣传铺天盖地，还有科研机构的背书。有些投资人较早进入，获得了不菲的利润；还有些投资人通过向亲戚朋友推销这些基金产品获得奖励。这两位前同事也多次找我投资，甚至打出感情牌企图说服我。但是，我的投资原则中有一条是：看不懂的事情不做，于是婉拒了他们。

后来偶然看到一则新闻，有很多人在街头拉着横幅维权，其中很多是某农业研究机构的老科学家。原来这个网贷平台的几个创办人在拿到了几十亿元投资后跑路了，这个网贷平台的投资者血本无归。从照片里可以看到，维权的大多数是白发苍苍的老年人，他们省吃俭用、积蓄了大半辈子的养老钱，被不法之徒骗得血本无归。

这就是我自己真实碰到过的一个投资理财陷阱。在生活中，我们身边的投资理财陷阱无处不在——家里的老人为了领取一桶色拉油、一盒土鸡蛋，把一生的积蓄都买了保健品或是虚假承诺的理财产品；辞职在家炒股，每天跟着大V的直播操作追涨杀跌，本金却越变越少；免费参加开发商组织的旅游，到了景点头脑一热买了一套房，回来一查产权有问题，想退却退不掉；也有一些年少得志的人，当红的时候认为赚钱容易，花钱大手大脚，过气后却因为没有积蓄而破产；盲目跟风炒黄金、炒白银、炒外汇、炒比特币……做自己不懂的事，和赌博没有什么两样。

人性的弱点导致非理性的投资和消费

为什么有的人平常买菜、买衣服都要货比三家，在拿出一生的积蓄投资在自己无法把握的项目时却如此执意果断？为什么有的人会在上证指数5000点市场估值过高的时候高喊着还能涨到10000点，疯狂地杀进去后遭遇断崖式下跌？为什么有的人为了买一件奢侈品牌的包花掉三个月工资？这些行为看起来很疯狂、很不理性，但都是由人性的弱点决定的。

人性是有弱点的，如贪婪、恐惧、冲动、虚荣等，人有时也会因为对美好事物的狂热追求或者对自己不想经历的事物的恐惧丧失理智，这些都是导致非理性消费和投资的原因。很多商家也正是利用了人性的弱点来赚钱。如果在投资理财中不克服这些人性的弱点，就会沦为被“宰割”的对象。

如何克服人性的弱点，防范生活中的投资理财陷阱

在我们通向财务自由的道路上，保护好本金是一件非常重要的事。我们不能因为外界的诱惑就头脑发热而无视风险，把自己的本金全部拿出去做一项冒险的投资，这样的行为是很危险的。那么，怎样才能克服人性的弱点，防范生活中的投资理财陷阱呢？

首先，靠复利积累改变命运，不要想着天上掉馅饼。世界上有太多想改变命运的人，而改变命运最难的就是第一桶金，也就是本金。为了增加收入，有人选择了将“雪片”攒成“雪球”，找好“雪道”耐心滚“雪球”，进行复利积累；而有人选择了相信天上掉馅饼，没想到馅饼没吃到，反而掉入了陷阱。真正赚钱的好机会是绝对不会主动上门来找你的。如果你理财的本金不多，最重要的目标是努力工作，积累本金；如果你有一定的资金，也应该把保住本金放在第一位。只做自己了解的投资，看不懂的事不要做，否则就无异于赌博。损失了本金，“雪球”也就无从滚起了。

其次，每个月做好自己的财务规划，对收入和支出记账并拿出一定比例的储蓄作为投资。例如，把生活各项都做好限额，变动幅度不要太大，想购物的时候清点一下自己已经有的物品，看看确实缺少哪些，然后列出必需品清单，钱要花在刀刃上，一定要购买的要优先考虑。对比一下自己的支出计划，控制预算，严格按照自己的计划行动可以避免冲动消费。

再次，要觉察自己的非理性行为。当自己头脑发热要为某项高额消费或投资掏腰包的时候，要马上冷静下来，给自己一周的时间考虑，问问自己到底出于什么心理要做这件事？这件消费品是必需的吗？这个投资平台有监管吗？这项投资许诺的收益率合理吗？应从多方面获取产品或者公司的资料，从朋友那里或者网络上了解它的口碑，考虑周全以后再做决定。

最后，多读财经类的书、多看财经新闻，增长金融和投资理财方面的知识，对当前的经济形势和投资回报有自己的判断，不轻信他人、不从众。提高认知，识别市场上各种投资理财产品和骗局，避免受“高收益、高利息、高回报”的诱惑而掉入陷阱。

情感关系和婚姻中，一定要守护好你的财产

我经常收到一些女性读者的问题，除了日常的投资理财以外，还有一些问题是关于如何在两性关系中保全自己财产

的，例如："男朋友找我借了很多次钱不还，数额还不小，该怎么办？""男方婚前借了一笔钱用于结婚买房买车，我要一起负担吗？""老公生意失败欠了债，配偶需要共同承担这些债务吗？""老公出轨了，他给别的女人买的房能不能要回来？我能不能让他净身出户？"

从以上的问题中可以看出：金钱在情感关系中扮演着不容忽视的角色，它影响着伴侣之间的亲密度，同时影响着伴侣关系中的权力分配。两性关系中的分分合合是常态，如果感情没了，本该属于你的财产也没了，那你就真的一无所有了。所以在两性关系中一定要守护好你的财产。

在情感关系中，如何守护好自己的财产呢？我们将从热恋、准备结婚、婚姻中和婚姻终结四个方面来做详细的分析。

1. 不要轻易把钱借给你的恋人或给他做贷款担保

在热恋中，很多人会被爱情冲昏了头脑，觉得自己可以为另一半做一切。所以，当男友提出要借钱的时候，有些女生会毫不犹豫地答应。

每个人都会在生活中遇到一些急需用钱、周转不开的时候，借钱帮助他人也是人之常情。但是你需要考虑借钱之后出现的所有可能：如果他不还怎么办，你好意思开口要吗？如果数额比较大，要不要写借条？写了借条会不会让你们的感情生分？

我的建议是：偶尔借几百元就不必写借条了，他要是真不还，你要反思一下你的择偶眼光，几百元看清一个人也值得。对于数额较大的借款，要问清楚用途，如果真的是家里人生病等急需周转的情况，不如开诚布公地对男友说："希望我们之间的感情不要被金钱影响，我们来打一个借条吧。"有诚信的男人一定愿意这么做。只要有了借条，即使今后分手了，你的钱还会受法律保护，可以要回来。如果他不同意打借条并且用感情来绑架你，这就是一个看清男友的机会了。要是一个男人经常找你借钱，还是远离他吧，也许他爱的不是你，而是你的钱。

还有些男人会以创业为由让女生为其做贷款担保，女生一想到创业都是为了未来共同生活得更富足、更美好，就毫不犹豫地答应了。实际上只要你成为贷款的担保人，你需要面对的将是严肃的法律问题。当债务人不能够如期偿还贷款时，担保人必须按照法律规定承担连带责任。一般银行要求提供贷款担保人说明债务人已经没有足够的抵押品来为其贷款做担保，这种担保的风险是很大的。这意味着你将与这个男人共同承担债务，债务人一旦无法偿还，就存在需要你来替债务人去偿还的可能性。

所以无论关系多亲密，也不要轻易为对方提供贷款担保，以免自己一不小心就背负债务，甚至被告上法庭，进入限制消费名单。

2. 婚前要构筑财产防火墙

有读者提过这么一个问题：“男方婚前借了一笔钱用于结婚买房、买车，我要一起负担吗？”如果男朋友在婚前借钱用于婚后的日常生活，如婚后买房、买车，那么这笔钱在法律上会被视为共同生活所用，也就是共同的债务，这位读者就要和伴侣一起偿还这笔债务。看到这里你会不会一惊，结婚怎么还要负债了，当然这种情况是所有女性都不想遇到的。

所以在婚前，男女双方应该互相坦诚地说明各自的财务状况，包括收入的来源、金额、支出情况，尽量做到公开透明。必要时也可以查询对方的个人征信报告，这是对自己、对婚姻的负责。如果你不了解对方的财务状况，尤其是可能会出现的债务，那对你来说会是很大的风险。

另外，近年来我国离婚率逐年升高，闪婚闪离的现象也越来越多。结婚时都是甜甜蜜蜜、如胶似漆，离婚时能和平分手的却是少数，尤其是涉及财产问题，有的人为此打得不可开交。世事无常，谁也不能保证自己会和另一半白头到老，一旦离婚就会涉及财产纠纷。

为了让自己的婚姻不要掺杂太多的经济问题，也为了万一离婚可以不用花大量的时间和精力在财产方面扯皮，我建议在婚前做财产公证。婚前财产公证是一种新的生活理念，也是一种全新的理财观念，把自己婚前财产的权属进行公证就相当于给自己的婚前财产构筑了一道防火墙。甜蜜的承诺不如一纸协定，即使婚姻不再存续了，你也可以保留婚前的财产，不至于一无所有。

3. 婚姻中要共同规划财产，预留孩子的教育基金

在婚姻中，每个家庭有不同的经济分配模式。有的是丈夫的收入全额上缴给妻子，有的是夫妻双方各自管理自己的财产，有的是夫妻双方共同管理家里的财产等，方式有很多，只要找到适合自己的就可以。

有的家族成员工作不稳定，可能面临失业的风险；有的家庭中一方是创业者，如果企业经营有方，能够增加家庭收入当然是件好事，一旦创业失败、欠下债务，就需要用创业者个人的家庭资产来偿还。面对以上情况，夫妻双方要共同规划家庭财产，预留出一部分资金作为未来一段时间内家庭的生活费用，尤其是孩子的教育基金。即使暂时没有了收入，也可以维持生活的正常运转。为了避免一方收入或者债务影响到家庭经济生活的正常运转，购买儿童教育类保险或者设立家族信托都是不错的选择。

4. 婚姻失去的时候牢牢抓住属于你的财产

我有一位很顾家的女性朋友，婚后把自己的全部都献给了家庭。他的老公利用她的善良，谎话频频并且出轨。他谎称公司运作困难，装可怜骗女方把所有的资产都过户到男方

名下，然后起诉离婚，目的就是把所有婚内财产都卷走。我的女朋友遭到了很大的打击，但是痛定思痛，遇到了这样的人越早离婚越好，当务之急是一定要拿回来属于自己财产。

法律规定了夫妻在婚姻关系存续期间所得的哪些财产为夫妻的共同财产，归夫妻共同所有，夫妻对共同财产有平等的处理权。后来，我的女性朋友在律师的帮助下拿回了属于自己的财产，并擦亮眼睛找了一个人品好、对她也好的新伴侣。

世事无常，人心会变，感情也会有保质期。一旦婚姻失去，不要哭哭啼啼、苦于纠缠，而要果断拿走属于你的财产，去追求更加美好的生活，享受幸福的人生。

选错了“雪道”看错了人，你需要立即止损

你在生活中有没有遇到过这样的情景，去旅游时即便游客爆满，也要硬着头皮排几小时的队，然后挤到景点前去拍照；提前一小时赶到影院坐下来看了 15 分钟却发现这部电影根本就不值得一看，但票都买了，最后在影院睡了一觉；刚买了股票就赶上大跌，跌了 10% 不舍得卖出，后面却越跌越多。除了景点排队、不好看的电影、套牢的股票，还有毫无起色的事业、貌合神离的感情、名存实亡的婚姻，

明知道尽早抽离才是明智的抉择，但总是执念于已付出的东西而不舍得放弃。

经济学中有一个 **沉没成本** 的概念。人总是害怕失去，天

沉没成本指已经付出且不可收回的成本，如时间、金钱、精力等。

生就对“损失”更加敏感，为了避免损失或找回损失，我们会变得冒险并且执著。

“股神”沃伦·巴菲特曾说过：投资犯错其实并不可怕，最重要的是不能连续犯相似的错误，要及时 **止损** 。

止损也叫“割肉”，指当某个投资出现的亏损达到预定数额时，及时斩仓出局，以避免形成更大亏损。

其目的在于投资失误时把损失限定在较小的范围内。股票投资与赌博的一个重要区别就在于前者可通过止损把损失限制在一定的范围之内，同时又能够最大限度地获取成功的报酬。换言之，止损使以较小代价博取较大利益成为可能。

例如，你用100万元投资股票，由于你对市场把握不准，不确定你的股票在一定时间段会上涨，你设置20%的止损，也就是说，100万元跌到80万元时就卖出股票，认亏20万元。如果你不幸投资判断错误，股票真的跌了，而且跌幅超过20%（如跌了50%），那么设置了止损就只亏损20万元，没设置止损就会亏50万元。投资中止损是一件很重要的事，它可以保护你的本金，让你即使暂时亏损也有东山再起的机会。

人生其实也是一场投资，懂得及时止损才能将损失最小化，及早抽身而退才是大智慧。放弃一段几年的感情很难，但是坚持一段支离破碎的感情无疑是在浪费生命、耗损自己的尊严，唯有及时放下，才有更多美好的希望；离开熟悉的工作岗位很难，但是面对与自我发展规划不符、没有发展潜力可言的工作，选择及时更换环境、放弃固有的安全感才能换取事业的长久发展。

感情上不及时止损，你会和幸福无缘

知名女星林某某的爸爸妈妈在她 12 岁时离婚了，原来林妈妈喜欢养花，但林爸爸却总往花盆里弹烟灰、扔烟头；林妈妈爱干净，但是林爸爸不爱洗澡、衣服乱扔；林爸爸很能赚钱，但是却很少陪林妈妈。后来，林妈妈遇到了林某某的继父，他会给林妈妈的花花草草买漂亮的花盆，也会主动洗衣服收拾家，而且还能陪林妈妈散步看日出、一起研究菜谱，他们生活得很幸福。

有的女性步入了一段感情关系后，却发现选错了人，她们会不停地抱怨、吵架，过得一点都不幸福。即使她们知道应该结束这种关系，也迟迟不能做决定，对分手充满了各种各样的顾虑：找不到更好的怎么办？再换一个就能变得更好吗？离婚的话，孩子怎么办？关系本身让人痛苦，离开又做不到。如果不能止损，那么只会一步步越陷越深，赔上自己接下来的人生。

有的人总是考虑他人的看法，就算知道婚姻不好，但和自己真实的感受比起来，他们更需要维持自己在他人眼中幸福的假象。有的人对自己缺乏信心，会夸大将来的困境和不确定性，认为现在还可以勉强忍耐。人的一生很短，在一起过得开心真的很重要，否则这就不是一段高质量的情感关系，还不如单身过得好。

被困在糟糕的关系里出不来、过不好、离不开的人，最需要的就是及时止损。女性不但要经济独立，也要在心理上独立：我不怕失去，因为我已经足够完整；我足够爱自己、尊重自己，因此我也相信这个世界会回馈同样的尊重和爱。能更好地接受这种失去，才能更快地开始全新的生活。我们要敢于及时止损，敢于从一段关系中全身而退。不舍弃现在的，你都不知道你能遇到多对的。

工作上选错“雪道”后不及时止损，你会和成功无缘

前两年有一则新闻，一位高速公路收费员下岗了，其中一位收费员哭诉：“我今年 36 岁了，我的青春都没有了，我现在啥也不会，也没人喜欢我，我也学不了什么东西了。”我们在同情这位女士的同时也会觉得她不够上进。随着时代的发展，企业的组织结构正在发生变化，组织中的个人也会随着组织的变革遭遇工作危机。例如，随着 ETC（Electronic Toll Collection，电子不停车收费系统）的普及，会有更多高速公路收费员下岗。

我们一旦在工作中发现“雪道”错了，一定要及时止损。请检查一下自己的工作现状，如果符合以下的情况，就需要马上止损：你供职的公司处在一个衰退的行业，行业呈现负增长，甚至多年以后将逐渐消失；你做的工作不适合自己，对这项工作没兴趣，做起来完全没有激情，一上班就盼着下班；你在这个公司做了很多年，但职业技能没有得到提升，工资收入也没有增长；你的工作岗位将来会被人工智能替代。

工作上不懂得及时止损，人生可能会就此定格，甚至将来会被淘汰。不要觉得我已经做了这么久了，换工作要面临新的挑战；更不要一边抱怨薪水低、工作重，一边又不敢跳槽。这样在日复一日里蹉跎了岁月，本应拥有更多的可能性，却因为不敢及时止损、害怕从头来过，从此过着一眼望到底的日子。

也不要觉得自己已经30岁甚至40岁了，换“雪道”太晚了。找到正确的“雪道”滚“雪球”什么时候都不晚，华为公司的创始人任正非也是人到中年后才开始创业的，正是他坚持在高科技的“雪道”上滚“雪球”才有了今日的成功。联想公司的创始人柳传志也是大器晚成，顺应改革开放搞活经济的趋势，40岁以后才下海创业，并赶上了中国计算机产业高速发展的风口，享受到了改革开放的红利。我们要不断地审时度势、调整自己，如果觉得自己的“雪道”没有“雪”或者不适合自己，就要赶紧调整，要毫不犹豫地抓住机会，找到适合自己的“雪道”，滚大自己的“雪球”。

悦函点睛

不是所有的坚持都有意义，错了就是错了，应及时承认、马上终止错误的行为。面对人生中的投资，从一开始就要给自己设定一个止损位，在触及临界点时及时止损；工作不合适，就赶紧跳槽；感情中一旦有不忠，就毅然转身。虽然止损的过程会很痛苦，就像壮士断腕，但这些都是必经的过程，是对人性弱点的挑战和考验。止损是人生中的大智慧！只要你下定决心止损，你的人生就迎来了一个转机。

经济、事业、情感和中年危机都是改写人生的好机会

一个租客在2019年年底承租了我的一个商铺，踌躇满志地要创办书法培训机构，开口就要租五年，并且花了很多钱来装修商铺，干劲十足。2020年新冠肺炎疫情暴发后，他突然慌了手脚，非常悲观，把一切归咎于“不可抗力”，要终止他的创业并要求退租。同样是培训机构，我担心之前办卡的芭蕾机构会倒闭，但是芭蕾机构的女老板非常乐观积极，很快就在钉钉上开设了适合在家里练习的线上课程，她的机构不仅没人退卡，反而还有人续费，生意比疫情前还好。

因为疫情期间的居家隔离，有的朋友决定离婚，因为天

天在家相看生厌，终于明白对方不是自己想要的人；也有的朋友因为和伴侣在一起的时间多了，加深了沟通和交流，感情变得更甜蜜。

有的人因为疫情没有收入而怨天尤人；有的人却因为没有收入而开始思考如何拥有被动收入，学习并掌握了投资理财的本领。

新冠肺炎疫情是一场突如其来的危机，让很多人的工作、婚姻都受到了影响，有的人把它视作致命性打击，从此一蹶不振；而有的人却把它看成改写人生的机会，从此变得更加强大，人生又上了一个台阶。

“危机”是个很玄妙的词：危＝危险，机＝机遇，也就是有危就有机，危险中蕴藏着大机遇。2003 年 SARS（Severe Acute Respiratory Syndrome，严重急性呼吸综合症）疫情暴发，在线下购物受限的环境下，阿里巴巴的线上购物平台淘宝网在杭州组建；刘强东将北京中关村的实体店搬到线上，逐渐打造线上购物的京东商城。疫情过后，淘宝网和京东商城崛起，不仅打败了 eBay，而且将线上零售推向了新的高度。

经济危机是上天赐予我们的一剂后悔药，让你可以用很低的价格买入以前买不起的资产

2000 年网易在纳斯达克上市，正遇到互联网泡沫破灭，网易的股价从上市时的 15.5 美元一路下跌，最低跌至

0.5美元左右，跌幅达97%，其市值也从上市时的4.7亿美元跌至不足2000万美元。当时网易的创始人丁磊想卖股票也卖不掉，倒是有一位投资者独具慧眼，一直买进。后来网易的股价回升，这位投资者也获得了几百倍的回报，他就是小霸王和步步高的创始人段永平。到2020年7月9日，网易的复权价格在503.27美元，试想如果当时在股价危机时买入网易的股票，20年后会获得千倍的收益，只要投入一万元，就可以获得1000万元的回报，这是不是轻松就可以实现财务自由了？所以，经济危机为很多人带来了一生难遇的机会，前提是你手中要有可以购买低价资产的现金。

情感危机：没了危机感，你就会身处危机当中

科研人员将青蛙投入40℃的开水中时，青蛙会因受不了突如其来的高温刺激，立即从开水中跳出来。然而，当科研人员把青蛙先放入装着冷水的容器中，然后再慢慢加热，青蛙反倒因为开始时水温的舒适而在水中悠然自得，当它发现无法忍受高温时已经心有余而力不足，再也跳不到之前那个高度。刚开始，青蛙跳进高温的水中会因为受到刺激产生危机感，正是这种危机感使它爆发出潜能，立即从热水里跳出逃生。当青蛙在温水中享受、危机悄悄地袭来，等它反应过来时已经没有了反抗的能力，只能眼睁睁地看着死神的到来。

这就是温水煮青蛙的实验，在感情中的你像不像那只青蛙？处在巨大的安逸之中，觉得伴侣就应该全心全意地爱你、照顾你，然而有可能你的情感会面临危险。女性要保持终身成长，不断自我进步，停止成长就意味着退后，甚至失败。保持自身的美丽和健康，有认知、有事业、有经济能力，同时要珍惜并维护好你的情感，这样你的感情生活才能长久甜蜜。

工作上的危机会给你带来源源不断的进步动力

在李安导演的《少年派的奇幻漂流》中，少年的家人在一次海难中全部丧生。他找到一只救生船在海上漂泊，可海上居然有一只对他垂涎的孟加拉虎。少年和老虎之间有过冲突、有过对峙、有过妥协、有过无数次的危机，可若没有老虎的威胁，少年也就无法时刻保持警惕和斗志，或许早就被淹没在人海中。正是老虎对他造成的危机感，才使他一直不放弃，最终在海上漂泊多日后得到解救。这个老虎就像我们在工作中对你虎视眈眈的竞争对手，你如果松懈下来，就会被对手一举打败。每个职位都面临被取代的危机，我们只有提高自己的核心竞争力，才能升职加薪，才能在市场上存活。“生于忧患，死于安乐”，在工作中有危机感才是不断促进你前进的动力。

中年危机是因为你没有勇气直视变化

很多年轻的“80后”甚至“90后”都在喊中年危机就要来了，情感关系疲惫不堪，工作随时被清退，上有老下有小，经济压力大。“中年危机”来自人生中因学习、工作、感情、生活日积月累的不自信和不确定性，而自己又不想改变、不想拥抱新变化。

危机是一种从未见过的变化，让人们的过往经验全然无用。人对未知有恐惧的天性，所以危机袭来的时候，人的第一反应是慌乱，其次是逃避、否定。但是一个人经常面对未知的挑战，就会产生一种新的经验，即未知未必那么可怕，反而可以带来机会。

格力电器的董事长董明珠中年丧偶，遭遇人生中的大危机。她把年幼的孩子委托给母亲照顾，只身来到格力电器从销售做起，几十年后格力电器成为知名上市企业，她也成为知名女企业家，2017年还被评为中国最杰出商界女性。可见，危机成就了董明珠，如果不是家中发生变故，她可能还在做一份普通的工作，还是一个普普通通的人。无论20岁、30岁、40岁还是50岁，我们都要有勇气直视危机，积极面对变化的环境，敢于接受现实重新开始；敢于重新审视自己、定位自己；敢于换工作、换行业、换掉不合适的人、换个新的活法，从而拥抱机遇。不要浪费任何一次改写你人生的危机。

如何破解危机？

每个人的发展都不可能一帆风顺，总有一些时刻会让你感到绝望、焦虑，甚至开始怀疑自己的能力。在学生时代，小升初、中考、高考没有考上理想的学校，对孩子们来说就是一场危机；毕业后找不到理想的工作，无法留在目标城市也是一场危机；成年后的失恋、生病、没有完成业绩、被裁员、被朋友背叛、投资失败等，这些都是危机。危机无处不在，它伴随着我们的生活，人人都会遇到危机。遇到危机不要怕，找到正确的方法就可以破解危机，并且让人生更上一个台阶。

1. 要有危机意识，提前防范危机

华为公司董事长任正非时刻告诫公司员工：公司明天就要破产，我们今天所有的努力都是让这一天晚点到来，找出破产因素，努力排除，从而度过一个又一个危险。这就是一种危机意识。危机意识是一种自我保护的自然心态，也是一种警觉。人如果时时有危机意识，在思想上、行事上就会小心谨慎。同样有危机意识的还有苹果公司的创始人史蒂芬·乔布斯。17 岁的史蒂芬·乔布斯曾读到一则格言："把每一天都当成生命中的最后一天，你就会轻松自在。"这句话对史蒂芬·乔布斯影响深远，每天早上他都会照镜子自问："如果今天是此生最后一日，我今天要干些什么？"也

正是这句话提醒他人生时间有限，不要为别人而活，活着就是为了改变世界，这种危机意识也是他创造出苹果品牌的动力。

危机意识可以激发我们的行动，让我们更好地进步。例如，天天熬夜刷抖音、饮食不规律的人，要意识到自己的健康情况在变差；看到网络上那些年轻人身体透支猝死的新闻，时刻提醒自己要健身，爱护自己的身体；工作时聊天、打游戏的人也要经常上网看看当年的失业率是多少，想想自己失业后的存款是否足够维持生活，以提醒自己好好工作，以免被裁员。

2. 正面认识危机，意识到危机将造就你，而不是毁灭你

一旦遇到危机，就要用积极正面的态度面对，要认识到危机是来造就你的，而不是来毁灭你的。经济、事业、情感和中年危机都是改写你人生的好机会。

经济危机是上天赏你的一剂“后悔药”，让你可以用很低的价格买入以前买不起的资产。我们可以利用困境，积极改变自己的工作方式，从而产生新的盈利模式。情感危机让女性保持终身成长，不断自我进步，保持自身的美丽和健康，有认知、有事业、提升经济能力和维护自己的情感的能力。工作上的危机会给你带来源源不断的进步动力，只有提升自己的核心竞争力，才能升职加薪，才能在市场上存活。中年危机让你有勇气直视变化，积极拥抱未知的挑战，这会

让人产生一种新的经验，从而带来机会。

这么看来，危机是来造就我们的，无论20岁、30岁、40岁还是50岁，我们都要有勇气直视危机，积极面对变化的环境，敢于接受现实，重新开始。不要浪费任何一次改写人生的危机。

3. 复盘危机，找出原因

遇到危机时，很多人的第一反应是焦虑、悲伤甚至绝望。如果能顶住这些情绪，开始寻找解决方法，很可能就是你取得突破的起点。首先我们要复盘危机是如何形成的，自己是怎么一步步走到其中的。

例如，你投资基金亏了很多钱，以致影响到了生活，你就要分析什么是导致自己窘境的原因。第一，你不该把生活费全部用来买基金，而是应该用预留生活费以后的闲置资金来做投资；第二，你没有计算市场估值，在估值低的时候没有布局，在大家都赚到了钱、市场情绪高涨的时候追高杀入；第三，在趋势向下的时候没有及时止损，跌掉一半市值以后又因为恐惧而“割肉”。

通过复盘，就找到了造成危机的原因：没有规划生活必要费用和用于投资的闲置资金；缺乏金融投资知识，对市场估值不了解；投资中随波逐流，没有克服人性的贪婪和恐惧。只要改正错误，一次次地在这些方面提升，投资理财水平就会提升，以后投资就会成功。

4. 复利积累，提高自己各方面的能力，让危机不再发生

复盘找到造成危机的原因后，就要开始提升自己各方面的能力，让危机不再发生。买基金赔钱就要多学习金融经济学知识，提高自己投资理财的能力。销售业绩垫底，就要去积累人际关系的复利，为别人提供价值，坚持下来一定会遇到贵人。遭遇失恋，就要扩大自己的朋友圈，提高自己鉴别异性的眼光及经营情感的能力。年度目标没完成就要用行动的复利持续行动，战胜平庸的生活。具体提升方法在第四章“复利积累让你的工作和生活轻松开挂”中已经给出了具体的实操方法。不管过程多艰难，只要今天比昨天进步一点点，那就够了。要相信时间的力量、复利的力量，复利积累会创造奇迹。

本章要点复盘

▶ 人性的弱点会导致非理性地投资和消费。要靠复利积累改变命运，不要想着天上掉馅饼；每个月做好财务规划，对收入和支出记账并拿出一定比例作为投资的储蓄；觉察自己的非理性行为；学习财经知识、提高认知，识别市场上的各种投资理财产品和骗局，避免受"高收益、高利息、高回报"的诱惑而掉入陷阱。

▶ 在情感关系中要守护好你的财产，不要轻易把钱借给你的恋人或给他做贷款担保；婚前男女双方应该互相坦诚地说明各自的财务状况，必要时可以做婚前财产公证以构筑财产防火墙；婚姻中要共同规划财产，预留孩子的教育基金；一旦婚姻失去，要牢牢抓住属于你的财产，开始新的生活。

▶ 人生其实也是一场投资，懂得及时止损才能将损失最小化，及早全身而退才是大智慧。不是所有坚持都有意义，选错了"雪道"、看错了人就需要立即止损，这样人生才会迎来转机。

▶ 经济、事业、情感和中年危机都是改写人生的好机会。经济危机是上天赐予你的一剂后悔药，让你可以用很低的价格买入以前买不起的资产；在情感关系中，有危机感才会让感情长久甜蜜；工作上的危机会给你带来源源不断的进步动力；中年危机让你有勇气直视变化。

▶ 要有危机意识，提前防范危机；正面认识危机，意识到它是来造就你的，而不是来毁灭你的；复盘危机，找出原因；复利积累，提升自己各方面的能力，让危机不再发生。战胜危机的过程会给你带来巨大财富。在随后的岁月里，不管遇到多大困难，我们都能充满信心去迎接、化解、突破。

后 记

掌控人生，乘风破浪

选秀类节目《乘风破浪的姐姐》吸引了广大观众的眼球，成为综艺收视率的赢家。有 30 个年龄超过 30 岁的女明星经过选秀，最后组成女团。评分是公平的，规则是残酷的，每位姐姐都要挑战之前没有做过的事，但她们每个人又美又飒，个性张扬，活力十足。

看这个节目的时候，我总会时不时地感到恍惚，因为这里面的好多位姐姐是我从小看她们的电影、听她们的歌长大的。这种感觉仿佛还在昨天，而她们似乎一点都没变，一直在逆生长。我深深地被里面的每位女性所感动，因为在她们身上，我看到了自信、自爱、独立和对自己人生的掌控。

有人会说，都四五十岁了还参加选秀比赛？确实，生活中太多人信仰着什么年龄干什么事儿，经常会有人用一些言论来制约你——“这么大岁数了，穿那么时尚干嘛？”“这是你这个年龄该干的事吗？”我也经常听到有的姑娘会说“工作那么忙，哪有时间做那些”“我都30岁了，照顾孩子都来不及，更没有空去提升自己了，这辈子就这样了”。才刚30岁，这辈子就这样了？这些言论就像一道咒语，框住了你往后几十年的人生。而这群30多岁的姐姐们，却不被年龄束缚，她们想超越过去的自己，创造不平凡的人生。当你不再给自己设限，你的人生真的可以变得无限美好。这个节目给我们很多启发：人生是有无限可能的，只要你愿意去尝试。

《乘风破浪的姐姐》这档节目让我们意识到，时间不是用来催人老的。时间是一位魔术师，随着时间的推移、复利的积累，它会让你提升阅历和能力，绽放出最精彩的自己。只要不拿年龄给自己设限，不畏惧年龄的增长，生命就永远没有衰老的时候。我们从她们身上看到，无论是30岁、40岁还是50岁，她们都还像美少女一样，年龄在她们眼里只是一个数字。岁月，不止让人老去，更带来了阅历和底气。无惧年龄的女人，永远活得精彩。

这些姐姐们都是出道很久的明星，每个人都有自己的经历。她们中有的走红不久就被冷藏封杀；有的婚内老公出轨，离婚后自己带孩子；有的嫁了假富豪，婚房是租的，要给对方钱才能离婚；有的被经纪人骗了财产还得过重病；还有好几个出道很久却没人知晓。姐姐们都遇到过危机，但是她们都选择相信：无论经历过何种遭遇，人生都有可能继续精彩和幸福。金钱、事业和婚姻虽然暂时会失去，但只要自己独立，同样可以活出一个人的精彩，一切都还会以更好的形式回来。这才是每个女人都该有的实力，掌控自己人生的实力。

正如我们书中所说：人生不是一帆风顺的，走错了路、看错了人、做错了投资，你都需要及时止损，直面人生中的困境与危机并去化解它，从而突破自我，把危机变成一次改写人生的大机遇。经历过风雨，成熟女性的样子是很有魅力的。这种独特的魅力背后是内心的丰盈和独立的实力；过人的才华和气质的背后，是自我的坚持和积累。

女人的实力就是最大的底气，这种实力来自经济和精神上的独立，更来自生活和工作中的各种能力，如获得财富的能力、在事业中顺应趋势抓住风口的能力、人际交往的能力、持续行动的能力、经营情感关系的能力、超强的学习能力和提高颜值逆龄生长的能力等。这些都是这本书所告诉大家的主要内容。

随着科技的发展，未来社会需要符合高感性和高同理心的工作能力，这种能力会有温度并富有灵性，这正是女性擅长的，时代的发展促成了女性的崛起。我们不要辜负时代给予的机会，要顺应大趋势，提高财商，掌握获得财富的底层逻辑，掌握投资的技巧，从而把握财富，更好地立足于这个社会，拥有掌控自己人生的资本。

我们还要在人生中找到“很湿的雪”和“很长的坡”，相信复利的力量，随着时间的推移创造奇迹。复利创造的奇迹会体现在财富、事业、人际关系、学业和情感关系等各个方面，它会让你通过持续的行动战胜平庸的生活，也能让你逆龄生长，蜕变成高颜值气质女神。

人生有无限种可能性，每个人的人生会过成怎样很大程度上是由自己决定的。愿每位女性在自己成长的路上无惧年龄，无惧困难，乘风破浪，光芒万丈！

黄悦函

2020 年 12 月